Organiser son mariage vert

Éditions Eyrolles
61, Bd Saint-Germain
75240 Paris Cedex 05
www.editions-eyrolles.com

Mise en pages : Istria

Marina Marcout et   Inès Matsika

Organiser son mariage vert

Écologique, éthique et responsable

EYROLLES

Remerciements

De Inès

À mes parents, mes frères et mes sœurs : inépuisable source d'inspiration et de fierté.

À ceux qui, chaque jour, rendent mon quotidien plus beau : Nicolas et Paco.

De Marina

À mes parents qui développent depuis plus de quarante ans un mariage très, très durable : merci !

Des mêmes auteurs, chez le même éditeur :

Organiser son mariage, Eyrolles, 2009

150 astuces budget, Eyrolles, 2008

Bien choisir sa robe, Eyrolles, 2008

Sommaire

Avant-propos

Et si pour le bien de la planète vous ne vous contentiez pas, le jour de votre mariage, de voir la vie en rose mais aussi en vert ? Et si en disant « oui » à l'amour, vous déclamiez également votre flamme à Mère Nature ? Amoureux et généreux, profitez de cette journée pas comme les autres pour donner à tous ceux qui vous entourent l'espoir d'un avenir meilleur, d'un environnement préservé pour les générations futures et partager votre élan écologique.

Aujourd'hui, la terre a besoin de nos efforts pour la protéger et lorsqu'on sait que seule une réception de mariage équivaut, en moyenne, à la production de CO_2 d'une personne pendant un an, cela fait réfléchir...

Mais loin de nous l'idée de vous faire culpabiliser ni de vous décourager d'organiser la fête de vos rêves. Bien au contraire ! Partant du principe que deux futurs mariés avertis en valent quatre, nous avons eu envie de vous aider dans votre démarche éco-responsable.

Rassurez-vous, il n'est pas question de vous imposer une cérémonie uniquement composée de flûtes de jus d'herbe, de radis bio et de convives biodégradables ! Libre à chacun de sélectionner parmi tous nos conseils, astuces et adresses ce qui correspond le mieux à leurs envies et à leurs convictions. Rapidement, vous réaliserez qu'avec seulement quelques gestes simples et de nouveaux réflexes, il est possible d'agir pour le mieux-être du globe tout en se faisant plaisir et sans renoncer à la magie du moment.

Recyclage, ingéniosité, réduction, proximité, solidarité, responsabilité et équité sont autant de mots qui s'inscriront bientôt sur votre liste d'invités.

Du choix de la robe à la destination de votre lune de miel, en passant par les faire-part, le menu et la décoration de votre salle, rien n'a été laissé au hasard. À travers cet ouvrage, nous vous accompagnons tout au long de vos préparatifs.

À tous, futurs mariés, nous vous souhaitons de développer un mariage très, très durable.

Test

Quelle écocitoyenne êtes-vous ?

Pas de doute là-dessus. On a tous conscience de l'urgence qu'il y a à sauver la planète. C'est même devenu tendance d'afficher ses convictions écolos ! Mais si la révolution verte est en marche, on est encore loin du raz de marée. Le manque d'information, d'intérêt ou la flemme peuvent empêcher certaines personnes d'adopter la « green attitude ». En faisant ce test, découvrez si vous faites partie des écolos convaincues ou des écolos en herbe.

En hiver, pour être dans le coup, il faut se couvrir de fourrure :

A. Vous snobez cette tendance. Mieux : vous participez à des actions coup de poing de l'association PETA (pour une éthique dans le traitement des animaux) pour dénoncer le traitement cruel des animaux. ☐

B. Vous rusez avec de la fourrure synthétique. La mode oui, mais pas à tout prix ! ☐

C. Pas question d'avoir un train de retard. Vous refoulez votre culpabilité et craquez pour un gilet en lapin. ☐

Pour vous, le commerce équitable c'est :

B. Une bonne idée que vous soutenez de temps en temps quand vous tombez sur des produits équitables au supermarché. ☐

A. Un commerce intelligent auquel vous adhérez complètement. D'ailleurs, vous faites volontairement vos courses dans les magasins équitables. ☐

C. Un concept dont vous avez vaguement connaissance, mais faudrait pas non plus vous demander de le définir... ☐

Les poubelles, vous les triez :

B. Quand ça vous prend. ☐

A. Automatiquement. ☐

C. Jamais ou presque... ☐

Le matin pour vous laver, c'est :

C. Un bain d'une demi-heure maximum. La condition *sine qua non*
pour vous réveiller. ☐

A. Une douche en cinq minutes chrono. Savonner, rincer et c'est plié ! ☐

B. Un long jet de douche tiède pour vous éveiller en douceur. ☐

Au mois de décembre, vous invitez des copines à dîner, vous leur préparez :

B. Des tomates-mozarella et un poulet rôti accompagné de pommes de
terre au four. ☐

C. Un gratin de courgettes, des côtes de veau et une tarte aux fraises. ☐

A. Un velouté de potiron et une salade de kiwi en dessert. ☐

Côté éclairage, chez vous c'est :

C. Versailles. Toutes les pièces sont éclairées non-stop. ☐

A. Économique et écologique grâce à des ampoules basse
consommation. ☐

B. Tamisé et seulement éclairé quand vous êtes dans la pièce. ☐

En vacances, les premiers commerces sont à quinze minutes à pied de votre
maison :

A. Chaque matin, vous allez chercher votre baguette à pied. Une bonne
excuse pour profiter des paysages. ☐

C. Vous empruntez tout le temps la voiture, et tant pis pour les
embouteillages ☐

B. Vous enfourchez votre vélo, sauf pour faire de grosses commissions. ☐

Vous emménagez dans un nouvel appartement :

B. C'est l'occasion de faire le tri et de donner tout ce que vous n'utilisez pas. ☐

A. Vous ne changez pas d'un iota votre décoration et redonnez un coup de neuf aux objets les plus anciens. ☐

C. Vous dévalisez les boutiques pour vous refaire un appart tout beau et tout neuf. ☐

Vous mangez un sandwich dans la rue et voulez jeter l'emballage mais il n'y a pas de poubelle. Il atterrit :

C. Par terre, ni vu ni connu. ☐

A. Dans votre poche en attendant une poubelle. ☐

B. Dans le caniveau, plus discret que le bitume. ☐

Quand vous achetez des vêtements pour un bébé, vous regardez :

A. La composition des matières. Du coton bio ou rien ! ☐

C. La marque. Que des belles choses pour un petit ange. ☐

B. Le prix. Oui aux vêtements inoffensifs pour sa peau, mais accessibles ! ☐

Profil A : Vous êtes une écolo engagée

L'écologie n'a plus aucun mystère pour vous. Vous agissez au quotidien pour protéger l'environnement. Chacun de vos gestes est réfléchi pour limiter au maximum les impacts négatifs sur la planète. Vous êtes un modèle pour vos proches que vous aimez d'ailleurs à convertir à votre « religion ». Faire un « green wedding » est la conséquence logique de votre mode de vie. Vous trouverez dans ce guide des idées pour faire un mariage vert de A à Z.

Profil B : Vous êtes une écolo avertie

Vous opérez un virage écolo en douceur. Consciente de l'urgence environ-nementale, vous avez envie d'agir. Mais pas question de révolutionner votre façon de vivre du jour au lendemain. Vous adoptez au quotidien des règles écolo qui vous semblent faciles à appliquer. Votre moteur reste avant tout le plaisir, quitte à parfois mettre de côtés vos convictions ! Vous piocherez ici et là dans ce guide des idées pour donner une couleur verte à votre mariage. À doser selon vos envies.

Profil C : Vous êtes une écolo du dimanche

On ne peut pas dire que vous vous en moquiez. L'écologie, vous en avez entendu parler comme tout le monde. Et comme tout le monde, vous savez qu'il faut faire des efforts pour changer nos habitudes. Mais pour vous, cet impératif reste au stade d'idée... Impossible de passer à l'acte. À chaque fois, les contraintes vous semblent plus importantes que le bénéfice à en tirer et vous passez votre tour. Pourquoi ne pas profiter de votre mariage pour vous jeter à l'eau ? Ne vous imposez rien de trop violent. Limitez-vous à des petites choses mais qui, assemblées, constitueront un grand geste pour la planète.

Planning

J-1 an	Organiser les fiançailles Dresser la liste des invités Trouver la salle de réception Déterminer le budget Choisir la date du mariage civil et/ou religieux
J-10 mois	Sélectionner le traiteur Choisir l'officiant Choisir éventuellement son wedding-planner
J-8 mois	Préparer la cérémonie religieuse Confirmer le traiteur Repérer le photographe et les animateurs Faire le tour des salons de mariage
J-6 mois	Choisir le régime matrimonial Choisir les tenues des mariés et du cortège Choisir ses témoins Valider le menu avec le traiteur
J-5 mois	Déposer la liste de mariage Planifier le voyage de noces
J-4 mois	Confirmer le photographe/vidéaste, les animateurs musicaux et la décoration florale Réserver le véhicule des mariés Commander les faire-part et les cartons de remerciements
J-3 mois	Déposer son dossier de mariage à la mairie Commander les alliances Envoyer les faire-part et invitations Choisir les petits cadeaux pour les invités Acheter les éléments de décoration Réserver l'hôtel pour la nuit de noces

J-2 mois	Vérifier les tenues de cortège
	Mettre en place son planning beauté (coiffeur et maquillage)
	Réserver une baby-sitter
	Derniers essayages des tenues
	Contracter éventuellement une assurance de mariage
	Réserver les chambres d'hôtel pour les invités
	Vérifier que les faire-part ont bien été reçus par les invités
	Commander le gâteau de mariage
J-1 mois	Nouvel essayage de la robe de mariée
	Faire une visite chez le dentiste
	Acheter des cadeaux pour les témoins
	Nommer des responsables pour le déroulement de la journée de mariage
J-15 jours	Rappeler les invités qui n'ont pas répondu à l'invitation
	Refaire le compte des invités
	Confirmer tous les fournisseurs
	Dresser le plan de table
	Tenir à jour les remerciements pour les cadeaux
	Vérifier si les alliances sont à la taille et si elles ont été correctement gravées
	Nommer un responsable des alliances
	Organiser une réunion avec les témoins
J-1 semaine	Dernières retouches des tenues
	Porter ses chaussures de mariage
	Enterrer sa vie de célibataire
J-1 jour	Préparer les tenues de mariage
	Réunir les divers documents
	Ne pas oublier les alliances
	Nettoyer la voiture de la mariée
Le jour J	Se faire coiffer et maquiller
	Se forcer à manger
	Respirer et rester zen
Après le jour J	Clôturer la liste de mariage
	Régler les factures
	Remercier les invités
	Récupérer et choisir les photos

Notes

1. La salle de réception

énicher l'écrin de ses rêves, trouver le lieu qui sera digne de recevoir cette journée exceptionnelle n'est pas chose aisée. La preuve : certains partent en quête de leur salle de réception un an, voire deux, avant le jour J ! Et d'autres préfèrent recevoir chez eux ou dans la maison familiale, quitte à prendre en charge eux-mêmes tous les aménagements nécessaires. Préparez-vous donc à courir un véritable marathon et soyez certains de votre décision au moment de signer...

L'endroit choisi donnera le ton à votre fête et devra par conséquent répondre à de nombreux critères : capacité d'accueil, facilité d'accès, prix en rapport avec le budget établi, reflet de votre personnalité et de vos envies et bien entendu respect de l'environnement et de l'éthique.

Sans pour autant vous unir dans une yourte en torchis et chauffée à l'énergie naturelle dégagée par vos convives, il est aujourd'hui possible de célébrer son mariage dans des lieux écochics, écosympas et écoresponsables !

Quelques précieuses pistes pour vous aider à le dénicher ou pour transformer votre home sweet home en un site inoubliable et vert.

Vous avez choisi de louer une salle

Bienvenue au gîte !

Célébrer la fête de mariage dans un gîte ? Une idée *a priori* saugrenue (pourquoi pas dans une cave ou dans une cage d'escalier !). Et pourtant, il ne faut pas céder aux idées reçues. Les gîtes de France ne sont pas des refuges pour babas cool sur le retour. Beaucoup soignent leur décoration, sont très confortables et disposent de grandes salles pour accueillir confortablement les invités. Leur atout principal ? Ils sont nombreux à afficher une étiquette verte. Construction à partir de matériaux écologiques, tri des déchets, utilisation de produits biodégradables, récupération des eaux de pluie, potager bio... Les gîtes multiplient les gestes pour protéger l'environnement et certains sont même labellisés écolo (voir carnet d'adresses en fin de chapitre). Bien sûr, il faudra négocier la privatisation du lieu (vous aurez plus de chance si vous logez tout votre beau monde sur place) et y apporter une touche personnelle si la décoration est un peu trop rustique. Autre bon point pour les gîtes : ils sont généralement situés dans des endroits où la nature est belle. L'occasion de prolonger la fête avec vos proches sous la forme d'un week-end au vert (en pleine campagne, en lisière d'une forêt, dans la montagne...).

« Green » hôtel

Vous pouvez aussi opter pour un hôtel-restaurant écolo si le mariage se fait en petit comité. En général, il s'agit plus de chambres d'hôtes que d'usines à touristes hautes de six étages. Là aussi, vous devrez le privatiser. Privilégiez plutôt la basse saison (d'octobre à avril, et en dehors des vacances scolaires) car les établissements sont moins sollicités et donc plus enclins à réserver leur lieu pour un mariage.

Rural

Encore plus authentiques, les fermes bios... pour peu qu'elles aient du cachet et qu'elles ne se résument pas en une gigantesque étable ! Il faut que celle que vous choisirez soit suffisamment bien agencée pour accueillir un groupe. Non seulement vous aurez la garantie d'un menu 100 % bio, mais en plus vous aurez l'assurance d'une fête insolite à laquelle s'inviteront les poules, dindons et autres animaux de la ferme. Quand on dit que le bonheur est dans le pré...

Décor naturel

Faites d'une pierre deux coups : des économies dans le respect de l'environnement. Profitez des beautés naturelles qui nous entourent pour organiser votre fête dans une forêt, une grotte, au milieu d'un champ, sur une plage... Attention, trois conditions s'imposent : demander la permission auprès des autorités, avoir la garantie d'un temps clément et surtout ne laisser aucun détritus !

Extérieur jour

Si, comme une grande majorité de futurs mariés, vous avez choisi la belle saison pour vous passer la bague au doigt, profitez du temps estival (si, si normalement en juin, il fait beau) pour organiser la fête en plein air. Choisissez une salle de réception qui dispose d'un grand jardin et organisez-y un pique-nique géant. Demandez au traiteur de préparer des paniers qu'il disposera sur des nappes étalées sur l'herbe. On économise l'énergie : pas d'électricité, on peut utiliser des torches ou de bougies quand le soleil se couche. Et surtout, on donne à sa fête un côté bucolique même si elle a lieu en pleine ville. Vous regagnerez l'intérieur uniquement pour danser. À moins qu'on vous autorise à faire la bringue sur l'herbe...

Malheureusement, le beau temps n'est jamais garanti. Prévoyez toujours une solution en cas de pluie : un hangar, une grange, un préau ou une tente où vous pourrez continuer la fête mais à l'abri !

Mariage local

Vous fantasmiez sur un mariage au bout du monde ? Désolée, mais il va falloir faire une croix dessus. Célébrez-le plutôt dans votre région. Il engendrera moins de transports, et donc d'émission de CO_2. Choisissez une salle qui soit la plus proche possible du lieu d'habitation de la majorité des invités, pour les mêmes raisons. Vérifiez qu'elle soit facilement accessible en transport en commun, de façon à inciter les invités à ne pas prendre leur voiture.

On the road

De la même manière, assurez-vous toujours que la salle de réception se trouve à proximité du lieu de cérémonie. En surfant sur les sites www.mappy.fr et www.viamichelin.fr, vous pourrez visualiser le nombre de kilomètres séparant les deux lieux. On évite ainsi les longs trajets en voiture, beaucoup trop polluants. Le top, c'est de pouvoir y aller à pied. L'occasion de former un cortège pédestre derrière les mariés. Pas très discret, mais vraiment sympathique.

→ **www.mappy.fr**
→ **www.viamichelin.fr**

Solutions alternatives

Si la salle de réception se trouve trop loin, ne vous lancez pas dans une randonnée en tenue de mariage. Ça ferait un peu désordre ! Pourquoi ne pas enfourcher des vélos, des chevaux ou vous offrir une balade en calèche ? L'idée, c'est de trouver un moyen de transport plus écolo que la voiture.

On s'organise !

Parfois, au vu des distances, la voiture s'impose pour tout le monde. Pour limiter l'impact de ce trajet sur l'environnement, proposez à vos invités de faire du covoiturage. On évite les mauvaises surprises (et les invités laissés sur le carreau) en prenant les choses en main. Regroupez les invités par lieux d'habitation et mettez-les en contact. Les mariés sauteront aussi dans une voiture mais pas dans n'importe laquelle. Faites-vous plaisir et louez la voiture chérie des stars écolos : la Toyota Prius. Bien sûr vous la choisirez blanche et conduite par un chauffeur, cela va de soi...

Système B

Avoir l'esprit « vert » c'est aussi avoir le réflexe de consommer moins et de manière plus responsable. Pourquoi ne pas utiliser ce qui existe déjà en investissant un hangar désaffecté, une ancienne usine transformée en loft, des toits avec une vue impressionnante, la cour d'un immeuble, le hall d'une école, le réfectoire d'une entreprise...

On mène l'enquête

Avant de signer avec un lieu de réception, n'hésitez pas à demander au propriétaire quelle est la politique « verte » pratiquée par la maison. Vous saurez ainsi si la salle respecte les principes qui vous sont chers. Rien ne vous condamne à vous marier en pleine nature si vous rêviez d'un château mais sachez qu'il existe des lieux gérés avec un certain souci environnemental.

Vous avez choisi de recevoir à la maison

Et la lumière fut

Oubliez les ampoules traditionnelles et remplacez-les par des LBC (lampes basse consommation). Elles sont plus chères à l'achat mais elles durent plus longtemps (plusieurs années) et consomment cinq fois moins d'électricité que les classiques. De toute manière, depuis le 1er septembre 2009, ces dernières sont interdites ! On bannit définitivement les halogènes qui dégagent une très forte chaleur.

Du côté des « woua-woua »

Recevoir chez soi, c'est penser à tout et notamment au « petit coin » ! Si vous n'avez pas encore installé une chasse d'eau à double commande, qui permet d'évacuer deux fois moins d'eau, installez dans le fond du réservoir des écoplaquettes W.-C. ou une brique afin de retenir le surplus d'eau.

À savoir

Les sanitaires représentent 60 % de la consommation domestique d'eau ! Alors imaginez avec une centaine d'invités...

On n'oublie pas non plus de privilégier le papier toilette recyclé. De préférence sous forme de feuilles individuelles, on a tendance à moins en utiliser qu'en rouleau.

Madame propre

Dans les salles d'eau, proposez à vos invités de se laver les mains avec du savon bio, sans phosphate et de les sécher avec des serviettes en tissu et non en papier. Vous songerez à les faire remplacer régulièrement afin qu'elles ne soient pas trempées et roulées en boule dès le milieu de la journée !

De l'art de dresser la table

Aux oubliettes les gobelets jetables, en polystyrène ou en carton, qui peuvent mettre de 100 à 1 000 ans pour se dégrader dans la nature. On sort ses beaux vrais verres, on en emprunte ou on en loue ! Qu'importe s'ils ne sont pas tous identiques, vous pourrez toujours les décorer d'un lien de raphia ou d'un joli ruban de couleur. Mais si vous souhaitez éviter la casse, il existe désormais dans le commerce des gobelets réutilisables, notamment en polypropylène. Plus résistants et moins polluants à la fabrication, ils peuvent servir une centaine de fois. Vous pourrez ensuite les apporter au bureau. Il en va de même avec la vaisselle jetable. Vous pouvez opter pour des assiettes et des couverts biodégradables (en bambou, bois, ardoise, carton...) réutilisables ou à usage unique. Pour un côté plus chic et économique, choisissez des plats, couteaux et fourchettes sortis tout droit de différents services. S'ils ne sont pas coordonnés, amusez-vous à les placer par couleurs, formes, styles à différentes tables. Pensez aussi à la location de vaisselle et de couverts. Vraiment pratique !

B.A.-BA vert

☒ Certains déchets (le verre, le plastique...) ne sont pas détruits par la nature et polluent l'environnement. D'où l'importance de procéder au tri sélectif afin de récupérer ces matériaux et d'en faire de nouveaux objets. Au moment de les jeter, il faut donc les trier par famille et séparer les ordures ménagères des objets recyclables : emballages métalliques, emballages en plastique, emballages en carton et papier.

☒ Ne sont pas recyclables les pots de produits laitiers, la vaisselle en verre, les ampoules, les emballages gras ou sales... Pour éviter les faux pas au quotidien (et lors d'événements comme le mariage qui génère beaucoup de déchets), procurez-vous un petit guide auprès de votre mairie.

On recycle !

Si vous êtes amateurs de bière, gardez précieusement les bouteilles en verre. Décollez les étiquettes et nettoyez-les. Pour un centre de table insolite, garnissez les bouteilles d'une fleur colorée et alignez-en plusieurs (au moins six). Faites de même avec vos pots de yaourt en verre qui feront de jolis photophores.

Devinette

Saviez-vous que troquer un paquet de 150 serviettes en papier contre de vraies serviettes en tissu ou en matières recyclées peut sauver plusieurs dizaines d'arbres ? Alors pourquoi ne pas faire un geste pour nos forêts ? Il existe aussi des serviettes et des nappes biodégradables, blanchies à l'oxygène sans chlore ou dans des matières novatrices. Elles sont jolies, originales, respectueuses de l'environnement. Alors on ne s'en prive pas.

Ambiance

Vous souhaitez que votre maison sente bon ? N'achetez plus de parfum d'intérieur traditionnel, qui peut contenir plus d'une centaine de composants chimiques et optez pour des pots-pourris faits maison ou des senteurs à base d'huiles essentielles d'eucalyptus ou d'agrumes.

Faites le tri !

Une réception peut produire de nombreux déchets de toutes sortes. Outre vos poubelles habituelles que vous utiliserez au moment des préparatifs, pensez aussi à initier en douceur vos invités au tri sélectif. Installez, dans des coins discrets, de jolis récipients : petits tonneaux, seaux en fer galvanisé avec des étiquettes : verre, papier, autres détritus... Cette précaution vous facilitera la tâche du rangement après leur départ. Avec les déchets organiques, vous pourrez songer à fabriquer du compost. Pensez aussi à fournir au personnel des produits ménagers « verts » pour nettoyer la salle après la fête.

Grosse chaleur

Vous recevez à l'intérieur et c'est la canicule ? Ne cédez pas à la tentation de louer ou d'acheter un climatiseur. Il utilise beaucoup d'électricité et rejette des gaz à effet de serre. Créez de préférence des courants d'air, qui auront le bénéfice de renouveler l'atmosphère ou investissez dans des ventilateurs, nettement moins gourmands en consommation électrique (ou empruntez-les).

Mémento pratique

1. **On vérifie qu'on est bien sur la même longueur d'ondes avec son homme.** Indispensable de savoir ce que chacun entend par salle de réception : salle communale ou bien château ? Vous ferez ensuite plus facilement la sélection des lieux.

2. **On fixe le plus rapidement possible une liste d'invités définitive.** De leur nombre va dépendre la taille de la salle.

3. **On fait les comptes.** En définissant votre budget, vous saurez vite si vous fêterez le mariage dans un domaine royal ou bien à la maison !

4. **On est souple dans son planning.** N'oubliez pas que vous ne serez pas les seuls à vous marier l'été. Pour augmenter vos chances d'avoir une salle libre, arrêtez plusieurs dates possibles de réception. Et pourquoi pas hors saison ? Non seulement, vous évitez la ruée des mariages mais en plus vous ferez de sacrées économies : jusqu'à 30 %.

5. **On se renseigne.** Quand vous visiterez les salles choisies, pensez à poser quelques questions au gérant : jusqu'à quelle heure vous disposerez de la salle, s'il y a un parking prévu et s'il est payant, s'il y a un vestiaire, s'il est possible d'organiser le vin d'honneur à l'extérieur, si l'on peut installer une tente, si le matériel de réception est compris dans le prix, si un traiteur est prévu et à quel prix, s'il y a sur place du matériel pour le D.J., s'il est possible de décorer librement les lieux, si on peut organiser un feu d'artifices dans le jardin, s'il existe une salle pour que les mariés se changent, s'il y a une salle que l'on peut réserver pour les enfants, si on peut danser dans la salle, s'il existe des chambres pour dormir et s'il faut en louer l'intégralité, qui s'occupera du nettoyage de la salle, si un « lendemain » de mariage peut y être organisé, quelles sont les modalités en cas d'annulation, s'il y a des possibilités de paiement en plusieurs étapes ?

6. **On est prévoyant.** Lorsque vous verserez des arrhes ou un acompte pour réserver la salle, exigez une copie de la transaction. Et souvenez-vous de la différence : des arrhes n'entraînent pas un engagement définitif de votre part. Si vous vous rétractez, vous perdrez la somme versée mais n'aurez pas à payer le reste. En revanche, si c'est le prestataire qui se démet, il devra

vous payer le double de la somme versée. Un acompte est, lui, un engagement ferme. Si vous vous désistez, vous le perdrez et en plus on pourra vous réclamer des dommages et intérêts. Mieux vaut donc verser des arrhes.

7. On réussit sa fête à la maison. Pour qu'elle soit une vraie réussite et pas une source d'ennuis on fait attention à limiter le nombre d'invités pour que ce soit viable. On pense à prévenir les voisins et à s'excuser de la gêne occasionnée, à réquisitionner auprès de ses amis du matériel en nombre (chaises, tables, vaisselle, micro-ondes), à organiser un coin vestiaire avec un nombre suffisant de cintres, à prévoir un repas pratique (buffet froid ou plat unique type couscous ou paella), à poser des panneaux indicatifs pour les toilettes, le vestiaire et la salle de bains, à mettre sous clé tous vos objets de valeur, à revêtir votre parquet d'une bâche ou d'un revêtement éphémère, à disposer des paillassons à l'entrée de chaque pièce, à préparer une trousse de secours pour prévenir les éventuels malaises ou les bobos et à louer un groupe électrogène en cas de surchauffe électrique.

Nos adresses coup de cœur

SALLES DE RÉCEPTION

Écolabel européen

Pour trouver un établissement vert qui pourra accueillir votre réception, faites un tour sur le site : www.eco-label.com

L'Union européenne a mis en place un label écologique symbolisé par une fleur pour indiquer les produits et services verts. Vous trouverez répertoriés par catégorie une liste de salles en France qui répondent à des critères écologiques.

Gîtes Panda

Des hébergements Gîtes de France, labellisés par le WWF, qui sont situés dans des parcs naturels, et sont soucieux de la préservation de l'environnement.

www.gites-panda.fr

Les Orangeries

Au cœur du Poitou, c'est le premier hôtel-restaurant à avoir été labellisé « Écolabel européen » en France. Il a été rénové avec des matériaux écolos, a une gestion attentive de l'eau et de l'énergie, propose des produits équitables… Très joli cadre pour un mariage.

12 avenue du Docteur Dupont
86320 Lussac-les-Châteaux

Tél. : 05 49 84 98 82

www.lesorangeries.fr

Manoir de Restigné

Un château-hôtel 4 étoiles qui propose une gastronomie bio, utilise des produits d'entretiens écolos et a des jardins entretenus sans pesticides.

La Platerye - 15 route des Tours
37140 Restigné- Bourgueil
Tél. : 02 47 97 00 06

www.manoirderestigne.com

Les Grandes Haies

Dans la Sarthe, un gîte plein de cachet qui date du XVe siècle chauffé par géothermie, isolé en chanvre et qui dispose d'un système pour économiser l'eau.

Tél. : 02 43 40 22 60

www.gitegrandeshaies.net

La Maison des Bois Flottés

À deux pas de la plage de La Baule, un gîte écolo à la décoration design et épurée, aux tons acidulés.

Tél. : 02 51 72 95 32

GÎTES ÉCOLO

www.ecolo-gite.fr : un site qui répertorie les gîtes écolos de la France entière et les classe par région.

L'Usine

Un nom pas très « vert » pour un lieu, situé en Île-de-France, qui utilise pourtant du matériel issu du commerce équitable et qui n'a pas hésité à jouer la carte du « recyclage ». Ancien site des chocolats Menier, puis grand laboratoire pharmaceutique, le bâtiment accueille désormais de nombreuses fêtes.

À découvrir absolument !

www.lusine-saintdenis.com

Le château Saint Just

Non loin de Chantilly et situé dans un parc datant du XVIIe siècle, il est l'écrin de verdure idéal pour ceux qui souhaitent allier fastes d'antan et politique respectueuse de l'environnement. Cerise sur le gâteau : un traitement VIP est réservé aux jeunes mariés !

17, rue Nationale - 60540 Belle Église

Tél. : 03 44 47 17 17

www.chateausaintjust.fr

LeCoq-Gadby

Le premier hôtel 4* HOTELcert et certifié écolabel se trouve à Rennes. Autre bonne nouvelle, ce *resort* urbain organise des mariages ! Vous craquerez pour l'ambiance maison de famille et profiterez de la roseraie et de la cuisine gastronomique et moderne proposée par le chef.

156, rue d'Antrain - 35700 Rennes
Tél. : 02 99 38 05 55

www.lecoq-gadby.com

La Cabane de Lyon

Vous en avez rêvé ? La nature l'a fait ! Perchée à 8 mètres du sol et écologiquement conçue, une cabane en bois et montée sur pilotis accueille votre réception. L'aménagement de cette structure pas comme les autres et cachée dans la forêt centenaire de Sainte-Foy-Lès-Lyon peut recevoir jusqu'à 120 personnes pour un cocktail. Vous allez adorer !

35, avenue du Général de Gaulle - 69110 Sainte-Foy-Lès-Lyon
Tél. : 04 78 59 96 05

www.la-cabane-de-lyon.fr

France Yourte

Surprenez vos convives en les accueillant dans un campement de yourtes, au cœur du Perche. Les spécialistes de ce type d'habitacles mettent leur savoir-faire à votre disposition pour imaginer une réception sur mesure. En plus, vos invités pourront dormir sur place.

www.franceyourte.com

Des annuaires sur le Web

N'hésitez pas à consulter les fiches des très nombreuses salles proposées par des sites spécialisés dans la location de lieux de réception. À vous ensuite de poser vos questions vertes aux différents propriétaires et de juger si les réponses correspondent ou non à vos convictions écolos.

www.relaischateaux.com
www.1001salles.com
www.abcsalles.com
www.leshotelsparticuliers.com
www.chateauxcountry.com
www.chateaux-story.com
www.gites-de-france.fr
www.ecolo-gites.fr

MATÉRIEL

Favry Emballages

Une société qui propose tout le matériel pour dresser une table « verte » : assiettes, couverts, gobelets, plats en matières biodégradables et originales. Avec la possibilité de les personnaliser avec un logo, un dessin, des noms, une date…

www.favry.fr

Écolomique

Un site Internet qui vend en ligne de la vaisselle jetable et biodégradable. Dans votre panier, vous mettrez de jolis kits de couverts en bois, des piques à cocktail, des assiettes en canne à sucre

www.ecolomique.fr

Biosylva

L'enseigne s'est spécialisée dans l'art de la table à la fois chic, à usage unique et surtout 100 % compostable. On craque pour les couverts en matières renouvelables et qui se déclinent dans une jolie palette de couleurs et notamment dans un marron marbré très cérémonie.

Tél. : 06 71 91 45 07

www.biosylva.fr

Jetable, biodégradable, compostable et design ! Que demander de plus à cette vaisselle qui embellira les tables de votre réception. À base de palmier, de canne à sucre ou en bambou, les assiettes, couverts et verres sont aussi jolis qu'écologiques. On adore !

www.adiserve.fr

WEDDING-PLANNERS

Histoires d'envies

La première agence spécialisée dans l'organisation d'événements verts.

Tél. : 09 52 53 92 73

www.histoiresdenvies.com

Besoin d'ailes

Une agence qui propose de coordonner votre réception éthique chic. Un savoir-faire au service de l'environnement.

Tél. : 09 54 88 44 25

www.besoindailes.com

Libellis

Karine Berthelot a senti le vent souffler. Cette wedding-planner propose désormais aux clients qui le souhaitent de faire rimer mariage et écologie. Pour une réception chic et durable.

Tél. : 06 25 86 66 35

www.libellis.fr

Mariage Concept

Si vous habitez dans le sud de la France, c'est l'agence de wedding-planner qu'il faut contacter. Elle intervient essentiellement sur la Côte d'Azur, à Marseille, en Corse… L'agence propose six thèmes autour desquels vous pouvez décliner votre mariage dont un thème « bio-écolo ». Le mariage sera entièrement organisé dans le respect de la nature.

Tél. : 06 61 49 60 72

www.mariage-concept.com

LOCATION DE MATÉRIEL

France Location

Spécialiste de la mise en place d'événements, de l'installation et de prêts de matériel. Pour consommer en dépensant moins !

Tél. : 02 31 67 08 08

www.francelocation.com

Options

La référence chic en matière de location. On adore tous les styles de vaisselles, nappes et couverts. Pour tous les goûts et pour éviter le gaspillage.

Tél. : 01 34 92 20 00

www.options.fr

« Nous avons eu un coup de cœur pour un manoir situé à une heure de la mairie de Rouen, où nous allions nous marier. On aurait pu faire plus pratique et surtout plus écologique ! Mais cet endroit correspondait en tout point à l'esprit de notre mariage, donc on n'a pas voulu y renoncer. C'est mon mari qui a eu l'idée de louer un car pour assurer le transfert entre la mairie et la salle de réception. De cette façon, on limitait les déplacements en voiture en y casant au moins la moitié de nos invités. Ça a donné à notre mariage un côté "colonie de vacances" qui nous a bien fait rire ! » Aurélie, 29 ans.

« La famille de mon fiancé est originaire du Bordelais, nous tenions absolument à organiser notre réception dans cette région. Non seulement cela allait réduire les déplacements d'une grande partie des invités qui vivent déjà dans ce coin mais cela permettait de faire connaître les beautés naturelles de la région. On a fini par jeter notre dévolu sur un domaine viticole spécialisé dans le vin bio ! C'était l'idéal ! Grâce au beau temps, on a pu faire le cocktail au cœur des vignes et le reste de la réception a été organisée dans les caves éclairées à la bougie. C'était féérique ! » Margot, 27 ans.

« Notre budget était assez serré et les prix de location de salle nous effrayaient. On a pris notre courage à deux mains pour demander à l'agriculteur qui vivait non loin de la maison de vacances de mes parents s'il pouvait nous louer sa très grande grange. Non seulement il a accepté mais en plus il nous l'a prêtée gratuitement ! On a donc pu y organiser toute notre fête et a même laissé les bottes de foin pour décorer l'espace. Bien sûr, nous avons convié notre bienfaiteur à la réception ! » Patricia, 31 ans.

Notes

2. Côté traiteur

Point d'orgue de votre réception... le festin ! C'est le moment où tous les invités se retrouvent pour échanger et pour se délecter de plats concoctés à leur intention. Si ce poste de dépenses représente généralement plus de 50 % du budget global d'un mariage, il est aussi le plus coûteux pour l'environnement. En effet, l'alimentation est considérée comme l'une des premières sources d'émission de gaz à effet de serre. De sa production au traitement de ses déchets, en passant par le transport qu'il a pu nécessiter, le repas d'un Français représenterait 3 kg de carbone rejeté (d'après l'ADEME, Agence de l'environnement et de la maîtrise de l'énergie). Bien évidemment, ce n'est pas une raison pour servir à vos convives des assiettes vides ! Mais fidèles à vos principes et respectueux de notre planète, vous ne manquerez pas de décliner à la sauce « verte » le menu de votre grand jour. Que vous choisissiez de donner la priorité à des mets bio, locaux ou éthiques, grâce à nos astuces et conseils, vous ne manquerez pas de ressources pour satisfaire les papilles de vos invités tout en préservant Mère Nature et ses habitants.

On fait appel à un traiteur

Une solution classique, efficace, pratique et de qualité à condition de contacter des experts qui partagent ou comprennent vos aspirations vertes. Rompus à l'exercice de l'organisation d'événements, ces professionnels sauront se montrer à la hauteur de votre grand jour. Mode d'emploi.

Un traiteur bio

Oui, cela existe ! Aujourd'hui, quelques professionnels culinaires se sont lancés dans l'aventure et proposent des menus de mariage concoctés de A à Z avec des produits issus de l'agriculture biologique. La solution idéale pour les plus « verts » d'entre vous !

D'autres gestes pour la planète

De nombreux prestataires ont adopté une attitude qui n'est pas forcément liée à la protection de l'environnement mais qui agit pour le bien de l'humanité. Certains utilisent notamment des produits issus du commerce équitable et participent ainsi à l'amélioration des conditions de vie et de travail de populations défavorisées.

D'autres emploient des personnes en difficulté et facilitent ainsi leur réinsertion dans la société. D'autres encore n'hésitent pas, généralement avec votre accord, à faire don des plats restants à des associations caritatives.

On mise sur la proximité

Participez à la réduction d'émission de CO_2 et au développement de l'activité locale en faisant travailler les traiteurs de votre région ! Vous ne les obligerez pas à traverser toute la France pour venir vous servir et vous participerez au développement de l'économie locale. Rien de plus facile !

Du bon choix des produits

Que vous ayez choisi de faire appel à un traiteur ou que vous ayez décidé de concocter un festin « fait maison », vous devrez veiller à ce que les ingrédients sélectionnés pour votre menu correspondent aux critères « verts » qui vous sont chers. N'hésitez surtout pas à poser des questions aux différents prestataires.

Du bio évidemment !

Aujourd'hui, il est possible de se procurer toutes sortes de denrées alimentaires certifiées bio : du chocolat pour la pièce montée au champagne, en passant par la viande et les fruits et légumes. Donc plus d'excuse. Sauf une : leur coût, légèrement plus élevé. Pour les budgets serrés, sélectionnez seulement quelques produits bios ; ce sera toujours mieux que rien ! Faites confiance au fameux label français vert et blanc « AB » (Agriculture biologique).

Couleur locale

Donnez la part belle aux ingrédients issus de la production locale. C'est-à-dire cultivée ou élevée dans la région du lieu de votre réception. Vous ferez ainsi d'une pierre deux coups : vous soutenez les agriculteurs de la région et freinez la consommation de biens importés depuis l'autre bout de la terre. Ces derniers entraînent des transports coûteux en terme d'énergie et de production de gaz à effet de serre. En moyenne, 1 kg de haricots verts importé du Kenya crée une dépense énergétique 48 fois plus élevée que la même quantité transportée d'un cultivateur en France jusqu'au magasin. Cela fait réfléchir...

Les quatre saisons

Privilégiez les produits du moment. On oublie les fraises en plein hiver et les marrons glacés en plein été ! On respecte donc le calendrier des récoltes. Vos invités sauront apprécier la fraîcheur de ces ingrédients et surtout l'étonnante variété de ces mets. Sans oublier leurs bienfaits sur la santé. Eh oui ! Un produit tout juste récolté ne nécessite pas l'utilisation de conservateurs.

Craquez aussi pour la culture en plein air. Ce mode d'exploitation est en moyenne neuf fois moins nocif sur le climat que celui pratiqué sous serre ou hors sol.

Nos amis les bêtes

À poils, plumes ou écailles, veillez à la protection des espèces.

Certains ont déjà opté pour un régime végétarien et profiteront de l'occasion pour faire découvrir à leurs invités un menu qui décline les principes de ce mode de vie.

Quant aux autres, la grande majorité, vous penserez à respecter certains critères lors de l'élaboration de la carte de votre repas de mariage. On dit « non » aux espaces menacées et élevées ou pêchées dans des conditions déplorables. On fait également attention au taux anormalement élevés de mercure présent dans certains poissons.

Pour en savoir plus : le site du World Wildlife Fund répertorie les espèces qu'il est possible de consommer avec la conscience tranquille :

→ http://www.wwf.ch/fr/

 On recycle !

Avant le jour J, gardez ou récupérez un grand nombre de bouteilles en verre afin de les utiliser comme carafes d'eau ou d'autres boissons. Pour leur donner un air de fête, demandez aux enfants de les décorer ou habillez le goulot d'un joli ruban ou lien en raphia.

Conservez vos pots de yaourt en verre pour les transformer en de jolies verrines pour le cocktail.

Après le repas, récupérez tous les déchets organiques de votre réception pour fabriquer votre compost. Votre potager vous dira merci pour ce substitut à l'engrais !

Il faut y penser !

Peu habitués à organiser un événement aussi important qu'un mariage, vous risquez de passer à côté de petits détails ou de gestes qui peuvent pourtant faire la différence. Pas de panique, nous sommes là pour en lister quelques-uns !

Halte à la gabegie !

Souvenez-vous du refrain de votre maman : « Finis ton assiette : on ne gâche pas la nourriture. » En effet, le gaspillage alimentaire est non seulement nocif pour l'environnement (mais où vont donc toutes ces denrées et leur emballage une fois jetés à la poubelle ?) mais il est d'autant plus inacceptable dans un monde où près d'un milliard de personnes souffrent de la faim.

Veillez donc à bien calculer les proportions et n'ayez pas peur de paraître chiches aux yeux de vos invités en ne leur proposant pas une surabondance de hors-d'œuvre.

Prévoyez :

♥ Pour le vin d'honneur : 10 pièces par personne (8 salées et 2 sucrées)

♥ Pour un cocktail dînatoire : 20 pièces par personne (2/3 salées et 1/3 sucrées)

Le tri des déchets

Désormais nombreux sont les traiteurs qui se chargent de les ramener sur leur site afin de les compacter pour en réduire le volume et pour recycler notamment les rejets liquides et matières grasses. N'hésitez pas à leur poser la question. Dans le cas contraire, organisez un tri sélectif et le ramassage des déchets par une société spécialisée dans leur traitement.

B.A.-BA vert

Que vous ayez choisi d'opter pour une consommation bio, équitable ou locale, il n'est pas toujours facile de comprendre les différentes appellations ou de différencier les nombreux mouvements qui agissent pour le bien de la planète. On vous aide à y voir plus clair.

☒ Comment reconnaître un produit bio ? Grâce au label AB (Agriculture biologique) défini par le ministère français de l'Agriculture et de la Pêche. Il identifie les produits alimentaires qui respectent la réglementation bio telle qu'elle est appliquée en France ainsi que des exigences de traçabilité. Pour les aliments transformés, il garantit un minimum de 95 % de produits d'origine agricole biologique. Cette dernière vise à promouvoir une agriculture durable et respectueuse de l'environnement.

Pour en savoir plus : http://agriculture.gouv.fr

☒ Qu'appelle-t-on Commerce équitable ? Il s'agit d'un partenariat commercial et d'un mouvement social entre les consommateurs du Nord et les producteurs du Sud. Il garantit aux producteurs du Sud un revenu minimum et des droits élémentaires en tant que travailleurs. En achetant des produits alimentaires commercialisés selon des conditions équitables, le consommateur soutient cette action.

Pour en savoir plus : www.commercequitable.org

☒ Qui sont les « Locavores » ? Partant du principe que l'énergie dépensée pour acheminer la nourriture dans les centres urbains est supérieure à la valeur énergétique des produits consommés, cette nouvelle tribu, née en 2005 à San Francisco a pour principe de ne plus acheter de denrées alimentaires produites au-delà de 100 miles (160 km) de leur lieu de consommation. Un mode de vie qui a traversé l'Atlantique (mais sans émission de CO2 !) et qui commence à séduire les Européens.

Pour en savoir plus : www.locavores.com

Que faire des restes ?

Vous avez plusieurs options.

- ♥ Votre traiteur se charge de les donner à une association caritative.

- ♥ Vous prenez contact avec une association pour connaître leurs conditions de récupération des restes alimentaires et vous leur en faites don si cela est possible.

- ♥ Vous la jouez à l'Américaine et préparez ou faites préparer des « doggy bags » pour vos invités. Ils pourront alors repartir avec leur petit baluchon rempli de victuailles qu'ils dégusteront le lendemain !

Thé ou café ?

Impressionnez vos invités et initiez-les à de nouvelles saveurs en leur proposant en fin de repas ou lors de la soirée dansante des breuvages chauds issus du commerce équitable. Ils seront servis dans de jolies tasses et non pas dans des gobelets jetables. On boycotte aussi la *touillette* en plastique et les sachets de sucre ! Il faut penser à tout !

Salt and pepper

On évite les conditionnements individuels (comme les mini plaquettes de beurre) qui sont généralement proposés en abondance et très peu utilisés... Et finissent à la poubelle ! Une jolie salière, à peine remplie, posée sur la table ainsi qu'un petit ramequin de beurre feront très bien l'affaire. Un serveur armé d'un impressionnant poivrier, fera le tour des tables, comme dans les plus grands restaurants.

Histoire d'eau

Haro sur les bouteilles d'eau minérale en plastique ! Leur nocivité sur l'environnement n'est plus à démontrer. On verse donc directement ou après l'avoir filtrée, si l'on doute de sa qualité, l'eau du robinet dans de jolies carafes en verre, fournies par vos soins ou par le traiteur. Vous pouvez ajouter des rondelles de citron pour lui apporter davantage de fraîcheur et l'appellerez « Château La Pompe » pour séduire vos convives les plus snobs !

Du bon « matos »

Si le choix de matériel a déjà été traité plus haut, il n'est jamais inutile de rappeler l'essentiel.

On dit non

- ♥ aux couverts, assiettes et verres en plastique. Non seulement, ce n'est pas joli mais c'est surtout très mauvais pour l'environnement ;

- ♥ aux plats en aluminium ou en plastique qui sont très laids et nocifs ;

- ♥ aux nappes et serviettes en papier. Cela fait tout de suite « cheap » ; de plus, elles ont souvent été blanchies à la chlorine, une ennemie de la nature !

On dit oui

♥ aux fournitures jetables mais recyclables ! Très faciles à trouver dans le commerce ;

♥ à la vraie vaisselle (dont la verrerie). Elle aura été fournie par le traiteur, louée auprès d'un prestataire spécialisé ou empruntée à des proches. Qu'importe si elle est dépareillée, cela apportera une touche supplémentaire d'originalité à votre fête ;

♥ aux nappes et serviettes en tissus (fournies, louées ou empruntées). Cela apporte du cachet à une table et ne nuit en rien à l'environnement puisqu'elles seront réutilisées.

Côté boissons

Qui dit « vert » ne dit pas forcément austère !

♥ De nombreux producteurs de boissons alcoolisées proposent désormais une sélection de breuvages estampillés bio. Vin ou champagne accompagneront votre ivresse amoureuse sans que la planète ne prenne une cuite !

♥ Faites appel à des viticulteurs locaux qui seront ravis de vous fournir en bouteilles de leur cru et à proximité de votre lieu de réception.

♥ Supprimez les glaçons traditionnels qui consomment à la fois de l'eau et de l'électricité pour céder aux charmes de ces « rafraîchisseurs » nouvelle génération et réutilisables à volonté.

♥ À l'heure du cocktail, étonnez vos invités avec des « smoothies » à base de fruits de saison. Cela changera des sodas chimiques !

♥ Achetez de gros contenants (tonneaux, cubitainers...), vous verserez les boissons dans des bouteilles ou carafes... mais pas en plastique !

Mémento pratique

Le choix de la formule

Traditionnel dîner assis pour faire plaisir aux parents ou buffet campagnard pour la touche bucolique ? Pas facile de trouver la solution qui puisse satis-faire tous les critères d'excellence : bonne ambiance, respect du budget, protection de l'environnement.

Petit récapitulatif pour vous aider à y voir plus clair.

Le dîner assis

Les avantages

Une formule classique qui ne choquera pas les grand-tantes et qui permet à tous d'être assis. Une vraie pause pour vous dans cette journée tourbillon.

Les inconvénients

Une solution souvent plus onéreuse et qui exige davantage de serveurs. Sa durée peut paraître interminable à ceux qui se retrouvent assis à côté d'un raseur !

Le + vert

Un contrôle de A à Z des quantités servies avec la possibilité d'un menu unique qui évite le choix et donc le gâchis. Généralement, on convie moins de personnes à un dîner assis et qui dit moins d'invités dit moins d'émission de CO_2 !

Le cocktail dînatoire

Les avantages

Liberté de mouvement avec possibilité d'installer quelques tables et chaises. Plus économique qu'un dîner assis (moins de serveurs et moins de plats), sa durée plus courte permet ensuite de passer à la soirée dansante.

Les inconvénients

Les personnes âgées peuvent regretter ce mouvement perpétuel et cette formule moins traditionnelle. Une impression de « trop vite terminé » que peuvent ressentir les invités.

Le + vert

Beaucoup moins de nourriture servie et donc moins de conséquences sur l'environnement. Les hors-d'œuvre se dégustent facilement avec les doigts et on peut alors oublier les couverts et les assiettes. Moins de serveurs sont nécessaires (on en compte un pour une quarantaine d'invités) et par conséquent moins d'émission de CO_2 !

Le buffet

Les avantages

Un repas complet mais servi sous forme de buffet et dégusté à table avec davantage de convivialité grâce à la liberté de mouvement.

Les inconvénients

Une file d'attente devant le buffet qui peut rappeler celle des clubs de vacances ! Les quantités proposées doivent être plus importantes pour pouvoir donner le choix aux invités, d'où un gros risque de gaspillage.

Le + vert

Moins de serveurs que pour un dîner assis (compter un pour trente invités) donc plus économique et plus écologique.

Nos adresses coup de cœur

TRAITEURS BIOS ET ÉTHIQUES

Grain de vie

Des hors-d'œuvre à la pièce montée, ce pâtissier-traiteur n'utilise que des produits issus de l'agriculture biologique. Son autre plus ? Il adapte ses menus à tous les régimes alimentaires : végétarien, végétalien, sans produit laitier, sans gluten, sans sucre…

Tél. : 01 30 24 22 48

www.graindevie.fr

Ethique et toques

Un prestataire haut de gamme qui travaille avec des produits du commerce équitable et qui reverse une partie de son chiffre d'affaires à des organismes qui favorisent le développement durable.

À Paris et à Lyon.

Tél. : 01 44 09 07 57

www.ethique-et-toques.com

Curty's

Conscient de son rôle à jouer dans le bien-être de notre planète, ce spécialiste de l'événementiel a choisi de faire la chasse au gaspillage et aux excès et utilise des produits 100 % bio ou issus du commerce équitable. Sans pour autant négliger la créativité et la présentation des plats.

Tél. : 01 53 92 80 80

www.curtys.com

La table de Cana

Cette association favorise l'insertion des personnes sans emploi et des exclus grâce à son service de restauration-traiteur. On aime ses préparations soignées et variées.

Plusieurs antennes en France.

Tél. : 01 55 59 53 41

www.tabledecana.com

Té

Avec une approche solidaire et respectueuse de l'environnement, le chef fait rimer bio avec éthique et surtout gastronomie ! Mention spéciale à sa politique d'emploi qui respecte l'égalité des chances. À découvrir absolument !

Tél. : 01 55 87 55 24 (ou 50)

www.traiteur-ethique.com

Le Moulin des quatre saisons

Le chef met un point d'honneur à ne cuisiner que des produits de saison. Une jolie manière de découvrir des produits oubliés. L'établissement est avant tout un restaurant mais propose un service de traiteur pour tous vos événements.

Tél. : 02 43 45 12 12

www.moulindesquatresaisons.com

L'instant culinaire

Bien que parisien, ce traiteur n'hésite pas à se déplacer. Il décline à travers ses menus trois valeurs essentielles : des produits bio, éthiques et sauvages. Si vous le souhaitez, il peut vous aider à dénicher la salle idéale grâce à son réseau d'adresses.

Tél. : 01 48 48 63 08

www.linstantculinaire.fr

Gilles Daveau

Des repas ou des cocktails préparés à base de produits frais et certifiés bio qui viendront enchanter les papilles de vos invités… et les vôtres. Basée en Loire-Atlantique, cette société propose des prestations dans ses salons mais aussi à l'extérieur.

Tél. : 02 40 04 24 62

www.gillesdaveau.com

Autrement Bio

Cette association, installée en Saône-et-Loire, a eu une très jolie idée : promouvoir le développement d'activités liées à l'agriculture biologique tout en créant des emplois d'insertion. Possibilité d'organiser votre réception dans leurs locaux ou sur le lieu de votre fête.

http://autrementbio.free.fr

Helen Traiteur

Depuis plus de cinquante ans, cette société émerveille les palais de tous ceux qui ont eu la chance de participer à l'un des événements coordonnés par ce traiteur, installé dans le sud de la France. Très engagé dans la politique de développement durable, l'entreprise déploie ses valeurs à travers des achats de produits responsables, en limitant et en gérant les déchets et en sauvegardant l'environnement.

Tél. : 04 90 33 59 52

www.helentraiteur.com

Mangeons bio

Un site qui rassemble de nombreuses adresses de restaurants, traiteurs et boutiques qui inscrivent des produits bio à leur carte. À consulter de toute urgence pour trouver le prestataire dans la ville de votre choix.

www.mangeonsbio.com

DES PRODUITS VERTS

Magasins distributeurs de produits bio et éthiques

www.biocoop.fr

www.lavieclaire.com

www.naturalia.fr

www.nouveauxrobinson.fr

www.satoriz.fr

DES PRODUITS LOCAUX ET SOLIDAIRES

Commerce équitable

http://altereco.com/

www.maxhavelaarfrance.org

www.ethiquable.com

AMAP

Soutenez l'Association pour le maintien d'une agriculture paysanne en commandant des paniers de produits frais, de saison, souvent garantis AB directement auprès d'un producteur proche de votre domicile ou du lieu de votre réception.

http://alliancepec.free.fr/Webamap

Orne terroirs

Des volailles, au jus de poire, en passant par le cidre, les charcuteries, les produits laitiers, sucrés... Un site qui rassemble les producteurs fermiers et les artisans qui vendent directement leurs produits du terroir.

www.orne-terroirs.fr

Réseau Cocagne

En adhérant à ce réseau de jardins maraîchers biologiques cultivés par des personnes en réinsertion sociale et professionnelle, vous profiterez de produits naturels, sains et bios tout en aidant votre prochain !

www.reseaucocagne.asso.fr

C'EST MOI QUI L'AI FAIT !

Intelligence verte

Le temps d'un week-end, suivez un stage de cuisine bio pou épater vos invités le jour J et pour poursuivre vos efforts les autres jours de l'année. Vous pouvez aussi faire appel à leur service de traiteur pour votre réception.

Tél. : 02 54 36 13 91 ou 02 54 95 45 04

www.intelligenceverte.org/stage-cuisine-bio.asp

Près de Nancy, on s'initie à la culture d'un potager bio directement sur une exploitation agricole et maraîchère. Des gestes ensuite à adopter pour faire pousser de bios ingrédients que vous servirez le jour J !

Tél. : 03 83 22 97 29

www.lesfleursanglaises.fr

LES BOISSONS

Vins et Champagne bio

www.champagne-francoise-bedel.fr/
www.champagnebio.fr
http://lesbouchonsbio.com/
www.lavinia.fr
www.wine-et-vin.com

La boîte à glaçons

Un concept novateur que cette boîte refermable (100 % recyclable et 100 % renouvelable) qui contient des glaçons permanents, sans eau et que l'on peut utiliser à l'infini. En plus, elle refroidit plus vite et maintient la bonne température très longtemps.

www.laboiteaglacons.com/

Nordik rocks

Taillés directement dans la roche, ces cubes de minéraux prennent le frais au congélateur pendant une heure avant de plonger dans les boissons. Réutilisables à volonté ! De quoi épater la galerie. Pour l'instant, on ne peut les commander qu'en Grande-Bretagne.

www.mocha.uk.com

Témoignages

« Nous ne voulions pas d'un mariage traditionnel, guindé et avec des plats gastronomiques, archi travaillés et compliqués. C'est souvent très joli mais cela ne plaît pas forcément à tout le monde. Hadrien et moi souhaitions absolument miser sur la convivialité. Nous avons donc étendu plusieurs nappes gigantesques dans un champ sur lesquelles reposaient des paniers de pique-nique en osier. Nos invités y ont trouvé des multitudes de petits sandwiches variés, préparés par la boulangerie du coin, des assortiments de crudités, des assiettes, verres et couverts biodégradables. » Lucie, 29 ans.

« Pour faire un petit clin d'œil vert lors de notre vin d'honneur, nous avons commandé des paniers de fruits et légumes issus de l'agriculture biologique et les avons disposés sur les tables. Les invités pouvaient puiser dedans et confier les produits frais aux serveurs pour qu'ils préparent des cocktails et des smoothies colorés, bons pour la santé et la planète ! » Martha, 30 ans.

« Nous nous sommes mariés dans le Périgord, région de la bonne chaire, et nous voulions absolument en faire profiter nos convives. Nous n'avons choisi que des produits locaux : vins, canards, pommes de terre, truffes, salade, tomates, carottes. Pour mettre en valeur ces denrées, on avait rédigé un menu-brochure dans lequel on mentionnait le nom et l'adresse des fermes, potagers, vergers, vignobles et cultivateurs qui avaient participé à l'élaboration de notre repas. Le lendemain, certains de nos invités sont même allés leur faire une petite visite pour y faire leurs courses. », Noémie, 29 ans.

Notes

3. Les tenues d'un jour

Quelle femme peut dire le contraire ? Une des choses les plus excitantes dans l'organisation du mariage est le choix de la robe de mariée. D'abord on y pense souvent depuis l'enfance. C'est donc avec joie, que dis-je, avec hystérie que vous pourrez entrer en action. Et puis il faut dire qu'avec le stress engendré par l'organisation du mariage, chercher votre robe sera une récréation. Vous prendrez un malin plaisir à faire les boutiques ! Cependant, ces quelques mètres de tissu vont symboliser votre nouvelle vie. Autant dire que vous n'aurez pas droit à l'erreur. Pour cela, gardez en tête ces cinq règles d'or :

- ♥ *Je choisis une robe qui me ressemble*. Pas question de parader en robe de princesse si vous ne jurez que par la simplicité.
- ♥ *Je colle à ma morphologie*. L'idée étant bien sûr de trouver la robe qui mettra le plus en valeur votre silhouette.

♥ *Je soigne autant la robe que les accessoire*s. Ils font la différence et peuvent relever la plus simple des tenues. À ne surtout pas négliger !

♥ *Je fais attention lors des essayages* au confort de la robe, à sa transparence et au type du tissu.

♥ *Je veille à ce que la robe s'harmonise avec le costume* de Monsieur.

Bien coupée et dans le style qui vous sied le mieux, votre robe aura vraiment tout bon si, en outre, elle est écolo. Choix de matières non polluantes ou application d'astuces « vertes », à vous de décider !

Une robe 100 % « verte »

L'idée, c'est de choisir une robe conçue dans une matière non polluante. Exit le synthétique ! À vous les robes en coton bio, cultivé sans engrais ni pesticides, ou en matières naturelles comme le chanvre, le bambou, la soie, la fibre de lait (fibre issue d'une matière première naturelle : la caséine de lait), de maïs, de bananier… Mais pas de panique ! Personne ne vous condamne à vous marier dans une robe informe et aux coloris douteux. Aujourd'hui, la mode écolo a gagné ses lettres de noblesse grâce à de multiples créateurs qui militent pour une mode glamour et engagée. Et le mariage n'échappe pas à cette tendance. Vous trouverez votre bonheur chez des créatrices qui proposent des robes de mariée à la fois *trendy* et « vertes ». Côté couleur, vous veillerez à ce que les teintures soient végétales. Elles sont moins agressives pour la peau et respectueuses de l'environnement.

Si vous avez envie de casser les codes et de snober la robe de mariée traditionnelle, vous allez vous régaler ! En quelques années, les boutiques de prêt-à-porter écolos se sont multipliées comme des petits pains. Et il y en a pour tous les goûts : classique, glamour, branché, ethnique… L'intérêt, c'est de pouvoir porter cette tenue en d'autres occasions et de faire ainsi un achat raisonné. Un bon conseil : soyez maligne en traquant le blanc durant les soldes d'été par exemple.

Passez en revue les lignes en coton bio

Elles sont développées par la plupart des créateurs et les chaînes de prêt-à-porter. Limitées au départ à de simples tee-shirts, elles constituent désormais de véritables mini collections.

Vous en avez rêvé ?

Stella Mac Cartney l'a fait ! La styliste, connue pour son engagement écologique, s'est mariée avec une robe issue du commerce équitable. Un bon exemple à suivre : celui de favoriser une tenue conçue dans un pays en voie de développement, dans de bonnes conditions de travail et à une juste rémunération pour les artisans. Si en plus la robe est réalisée dans une matière biologique, c'est le jackpot !

Avis aux écolos puristes !

À celles pour qui acheter au prix fort une robe destinée à n'être portée qu'une fois est une aberration. Il existe d'autres solutions qui permettent de respecter l'impératif de consommer moins mais mieux pour protéger l'environnement. Comme celle de louer la robe de mariée. Vous ferez la belle le temps d'une soirée et vous séparerez sans regret de votre tenue de Cendrillon après le jour J.

On pioche dans le dressing des autres

C'est le moment de taxer les bonnes copines, les tantes ou les sœurs qui ont des garde-robes de mondaines. Demandez-leur de vous prêter la superbe robe sur laquelle vous louchiez depuis des années. Succombez aux traditions et portez la robe de mariée de votre mère ou de votre grand-mère. Bien sûr, personne ne vous en voudra de la personnaliser un peu, histoire de la rendre plus actuelle.

Cédez à la mode du « vintage »

Vous trouverez dans les boutiques des vêtements certes déjà portés mais généralement en très bon état. Armez-vous de patience et fouillez. Dans ces rayons, se cachent souvent des trésors de grands couturiers que vous paierez à un prix raisonnable.

Idée futée

Dans la même logique, écumez les boutiques d'occasion et surfez sur les sites de ventes aux enchères comme Ebay. Avec un peu de chance, vous pourrez tomber sur des tenues habillées.

Faites preuve d'imagination. Offrez une seconde vie à une robe toute simple que vous avez dans vos placards, grâce à des rubans, des sequins, des strass… Ornez de galon doré une robe blanche, piquez un ruban de satin coloré autour du décolleté et faites un nœud, dessinez sur votre robe avec un crayon argenté des traînées de cœurs, de papillons, d'étoiles… En revanche, si vous n'entendez rien aux travaux manuels, ne vous lancez surtout pas. Déléguez !

Accessoires malins

Pas question de les négliger !

S'il est normal de concentrer vos efforts pour rechercher la tenue idéale, gardez un peu de force pour trouver les petits plus qui la sublimeront. À commencer par la paire de chaussures. Deux choses doivent vous guider dans votre choix. Avant tout le confort car vous allez cavaler avec toute la journée. Puis la matière : privilégiez les chaussures en cuir végétal, en toile de coton bio, à semelle en caoutchouc naturel… Non, vous n'aurez pas à vous rabattre sur de gros godillots. Vous trouverez sans problème des escarpins très féminins ou des ballerines joliment rétro.

La touche finale

Magnifiez votre silhouette avec une étole, un chapeau ou des gants, si et seulement si vous le souhaitez. Il n'y a pas de règle en la matière. L'important étant de se sentir à l'aise dans sa tenue et non pas apprêtée. Vous trouverez le nécessaire dans les boutiques de prêt-à-porter écolos.

Le bouquet de mariée

Choisissez des fleurs bio, cultivées sans pesticides et de saison que vous achèterez chez un fournisseur local. Si vous avez un jardin, ou des amis qui en ont un, n'hésitez pas à créer votre propre bouquet avec des fleurs fraîches. Simple et efficace. Vous pouvez aussi choisir une composition de fleurs artificielles que vous réutiliserez plus tard ou des bouquets de fruits ou légumes de saison. Du meilleur effet !

Côté lingerie

Optez pour des dessous en coton bio. D'accord, vous ne sortirez pas le grand jeu avec la guêpière et tout le tintouin, mais au moins vous serez raccord avec vos convictions.

Le Seigneur des anneaux

Le bijou qui ornera votre doigt de jeune mariée est tout sauf un accessoire. Le choix d'une bague que l'on portera toute sa vie est assez délicat. Prenez le temps d'essayer différents styles de bagues avant d'arrêter votre choix. Éliminez d'office les alliances en or dont l'exploitation, qui déverse du cyanure et du mercure, est très mauvaise pour l'environnement. Sans compter que son extraction dans les mines se fait souvent dans de mauvaises conditions de travail. Préférez l'argent, le platine ou le bronze. Vous pouvez aussi vous rendre sur le site www.nodirtygold.org (en anglais) pour découvrir la liste de joailliers qui soutiennent une production responsable de l'or, respectueuse de l'homme et de l'environnement (Boucheron, Cartier, Piaget, Van Cleef & Arples...).

Bof bof !

Adepte du style « bling bling », passez votre chemin. Il est plus sage d'éviter les diamants qui proviennent en majorité de pays en développement et font l'objet d'un trafic qui sert à financer les guerres civiles dans les régions tourmentées comme la République Démocratique du Congo, la Sierra Léone, l'Angola... Si vous ne pouvez pas vous passer de caillou, menez l'enquête ! N'hésitez pas à demander à votre joaillier d'où proviennent les diamants.

Insolites !

Les alliances en bois offrent une autre alternative verte. À vous les jolis anneaux en bois brut ou blond, avec ou sans ornements.

Pour les autres bijoux

Faites le tour des membres de votre famille. Vous trouverez certainement de ravissantes boucles d'oreille ou collier à porter. Si vous tenez à les acheter, privilégiez les bijoux en matériaux recyclés ou issus du commerce équitable.

Idée futée

Il est désormais possible de louer le temps d'une occasion spéciale des bijoux de grands noms de la joaillerie. Pourquoi vous en priver ?

Tout le monde se met au vert !

« Darlingchéri »

Il n'échappera pas à la règle : porter des vêtements en tissus bio ou naturels. À lui les costumes en coton biologique, en chanvre ou en bambou. Vu qu'il ne sera pas forcément aisé de trouver des costumes complets en fibres naturelles, il peut agrémenter une tenue qu'il a dans ses placards d'une chemise en popeline de coton bio, d'un gilet et d'une pochette en soie.

Version système B

Il boostera simplement son costume de tous les jours avec une chemise et une pochette colorées.

Bon plan

Faites avec lui le tour des depôts-ventes et des boutiques vintage où il pourra trouver de très beaux costumes Dior, Yves-Saint-Laurent, Armani à prix déments.

Pour le cortège

On évite de faire des folies. Pas de tenues assorties au millimètre près. On définit juste une couleur pour harmoniser l'ensemble. Tous les enfants auront forcément une chemise blanche dans leur placard que vous pourrez accessoiriser avec des rubans, des foulards, des broches...

B.A.-BA vert

⊠ Le coton représente 65 % des tissus utilisés pour fabriquer les vêtements. Or c'est une culture extrêmement polluante. Elle consomme plus de 22 % des pesticides utilisés dans le monde entier alors qu'elle n'occupe qu'une faible surface cultivable. Des pesticides qui polluent les sols, l'eau et sont nocifs pour les paysans qui y sont directement exposés (intoxications et problèmes d'infertilité). D'où l'importance de choisir des vêtements en coton biologique, cultivé sans engrais ni pesticide. Aujourd'hui le coton est la seule matière certifiée bio mais il en existe d'autres qui ont des vertus environnementales comme le chanvre, le bambou et le lin.

Les parents

S'ils ont envie de respecter l'esprit de votre mariage, indiquez à vos parents et beaux-parents des adresses de boutiques bio ou de commerce équitable. En revanche, évitez de le leur imposer votre désir de tenue « verte ». Vous pouvez aussi leur demander de ne pas acheter des vêtements spécialement pour cette occasion.

Mémento pratique

1. On se lance à la recherche de la robe six mois avant la date du mariage.

2. On repère son style de robe en lisant les magazines spécialisées ou en visitant les salons de mariage.

3. On définit très clairement son budget. De là va dépendre l'endroit où l'on va acheter la robe : chez un créateur, un fabricant, une boutique de prêt-à-porter, d'occasion…

4. On choisit un modèle qui correspond à notre morphologie (taille Empire si on a des hanches importantes, fourreau si on est longiligne).

5. Lors des essayages, on prévoit les accessoires (surtout les chaussures) pour vérifier que l'ensemble s'harmonise.

6. Pour les accessoires, on adopte la règle de la sobriété. On ne porte pas de gants si on a déjà un chapeau ou une étole, etc. La vraie vedette doit rester la robe de mariée.

7. On harmonise tout son petit monde, du futur mari au cortège, en passant par les parents et beaux-parents. Pour ces derniers, veillez juste à ce qu'ils ne commettent pas d'impair dans leurs tenues : des camaïeux douteux de coloris ou des couleurs qui jurent entre les belles-mamans.

8. On n'oublie pas de prévoir pour le jour J une petite trousse contenant un kit de survie : des collants, un déodorant, des tampons, des pansements contre les ampoules, des pastilles à la menthe, des cachets contre la migraine.

9. On respecte la règle selon laquelle une mariée doit porter quelque chose de neuf, de bleu, d'emprunté et de vieux. Si, si, ça porte bonheur ! Et en plus, c'est écolo !

LA TENUE DE MADAME, LA ROBE DE MARIÉE

LES CRÉATRICES

Aranel

Une créatrice globe-trotteuse qui se déplace chez vous pour vous présenter sa collection ou concevoir avec vous le modèle de vos rêves. Plutôt sympa ! Caroline Lindenlaub crée des robes de mariée en coton bio et en matières naturelles comme le bambou et la fibre d'ananas. Les hommes ne sont pas en reste avec des costumes en chanvre ou en toile de coton bio. **Le +** : elle se fournit auprès de coopératives de commerce équitable. Tout bon !

Tél. : 06 88 96 22 56

http://terre-de-mode.typepad.fr

Maudetoiles

Si vous êtes curieuse et aimez les matières insolites, vous serez conquise par les robes en papier recyclé de cette jeune créatrice marseillaise. Pas de souci à avoir : elles ne sont pas du tout fragiles et ne se déchirent pas au premier mouvement. Vous aimerez ses jolis modèles de style moderne, romantique ou glamour ornés de strass de Swarovski.

Tél. : 06 63 42 81 47

www.maudetoiles.book.fr

Elsa Gary

La créatrice que l'on ne présente plus s'est fait une place particulière dans le monde du mariage en travaillant très tôt les matières naturelles comme la fibre de banane et le sisal. Autre signe distinctif : la couleur qui est toujours à l'honneur dans ses collections. Tons pastels ou couleurs plus éclatantes, vous aurez l'embarras du choix.

Liste des points de vente sur le site : www.elsagary.fr

Deborah Lindquist

Cette créatrice américaine, qui habille les stars, milite pour une mode engagée ultra-féminine. Ses robes de mariée en coton bio, soie, chanvre, laine et cachemire recyclé sont la preuve que l'on peut être à la fois écolo et chic. 100 % glamour.

Liste des points de vente en France sur : www.deborahlindquist.com

Marie Garnier

On adore le concept ultra-poétique de cette designer. Elle a imaginé une robe de mariée en papier dont la doublure contient des graines de lin et de pavot. Au lendemain de la cérémonie, la robe est décousue pour planter les graines et créer ainsi un joli jardin fleuri. À l'image d'un amour éternel, elles refleurissent chaque année.

Sur commande : mariegarnier@neuf.fr

Zelia sur la terre comme au ciel

Inspiration cosmique et ethnique pour cette créatrice au charisme particulier.
On aime le fait que ses robes de mariée puissent ensuite se transformer en tenue de cocktail. Ses sources d'inspiration semblent inépuisables. Vous aurez l'impression d'avoir une création unique qui raconte votre belle histoire.

Tél. : 01 40 15 00 64

www.zelia.net

Tougani Virginie

Derrière cette marque, deux créatrices qui conçoivent le vêtement comme une sculpture et s'amusent à transformer les matières. Femmes engagées, elles créent des robes de mariée en tissus bio et en fibres naturelles.

23, rue Faidherbe - 75011 Paris

Tél. : 01 43 56 82 20

www.tougani.com

LA LOCATION

Robe d'un jour

Un site unique en son genre qui propose aux particuliers de déposer leur annonce de vente ou de location de tenues de mariage.

www.robedunjour.com

La femme écarlate

Vaste choix de robes de mariées, de cocktail et de soirées. Avec des créations haute couture !

Tél. : 01 45 51 08 44

www.lafemmeecarlate.com

Au Chat botté

Boutique de location de déguisements, mais qui propose une jolie sélection de robes pour le grand jour.

Tél. : 04 78 49 13 70

www.au-chat-botte.fr

LE PRÊT-À-PORTER

Des adresses qui valent pour la mariée mais aussi pour les invités, les parents et beaux-parents.

Les Fées de Bengale

Une marque très féminine dont le secret est un soupçon de frivolité, beaucoup de légèreté et une bonne dose d'humour. Les créatrices ont remis les froufrous au goût du jour avec une multitude de robes, de tops et de jupes en coton bio et en soie naturelle.

www.lesfeesdebengale.fr

Altermundi Mode

En six ans d'existence, Alter Mundi est devenu la référence en matière de produits issus du commerce équitable. L'enseigne a ouvert le premier « concept store » dédié à la mode éthique où l'on retrouve tous les grands noms de ce mouvement. À visiter absolument !

9, rue de Rivoli - 75004 Paris

Article 23

C'est la petite marque branchée qui monte. Son credo : proposer des vêtements en coton 100 % bio au style chic et décontracté. Les tons sont sobres (noir, blanc, gris) et les coupes maîtrisées (le styliste Adam Love est un collaborateur de Karl Lagarfeld).

ww.article-23.com

Stella Mc Cartney

La fille de Paul est l'une des pionnières de la mode « green » dans le monde du luxe ! On craque pour ses vêtements et accessoires, en coton organique et en cuir végétal. On s'offre la panoplie avec de la lingerie bio qu'elle a récemment lancée.

www.stellamccartney.com

Sakina'Msa

Une créatrice au grand cœur qui a monté un atelier d'insertion pour faire travailler des couturières en rupture d'activité. Il en résulte des robes glamour, extrêmement bien coupées dans un esprit couture. L'assurance d'être bien habillée pour le grand jour.

Tél. : 01 56 55 50 90

www.sakinamsa.com

Numanu

Ces deux créateurs franco-anglais relèvent le défi de réconcilier le design et l'éthique. Et c'est réussi ! Il plane un esprit rétro sur chacune des collections avec des jupes crayons ou tulipes, des robes parapluie, des fourreaux… Très inspiré.

www.numanu.com

Machja

On applaudit des deux mains cette marque corse qui a vraiment tout bon : du choix des matières (coton bio, fibre de lait) au style de la ligne (raffinée sans être sophistiquée) en passant par les prix (vraiment minis).

www.machja.com

Costumisée par Liza

Une créatrice argentine qui s'est spécialisée dans le recyclage et dans la recherche de nouveaux matériaux. Le résultat est très original. Mention spéciale pour les robes entièrement réalisées en cravates.

Tél. : 06 75 42 73 28

www.costumiseepar.com

Idéo

Cette marque conjugue éthique, écologie et mode avec brio. Les collections suivent au plus près la tendance, aussi bien au niveau des coupes que des couleurs. Vous pouvez y acheter les yeux fermés.

Tél. : 01 42 02 51 38

www.ideocollection.com

Kamakala

Des vêtements inspirés du voyage et revisités à la sauce occidentale. Chaque collection, éthique et biologique, rend hommage à une région du monde. Adorables, les robes féminines et joliment coupées s'achètent les yeux fermés. Différents distributeurs en France et à l'étranger.

www.kamakala.com

LES ACCESSOIRES

La vie devant Soie

Des sacs et des étoles en soie naturelle conçues par des couturières au Cambodge dans des conditions éthiques. On salue la recherche de formes, de couleurs et d'association de matières (soie mélangée avec la mousseline, le velours ou du coton).

Tél. : 05 46 83 06 61

www.laviedevantsoie.com

Deux filles en fil

Coup de cœur pour cette marque qui fait travailler les derniers sous-traitants locaux du Maine-et-Loir pour réaliser de superbes sacs conçus avec les excédents des industries qui ferment dans la région. **Le + :** les sacs sont modulables. Malin !

Tél. : 06 63 69 61 50

www.deuxfillesenfil.fr

Zaza Factory

Isabelle Grandval fait travailler des femmes d'Inde, de Chine et de Birmanie pour réaliser de très jolis sacs, étoles et bijoux empreints de ces pays. Éthique, ethnique et chic !

Tél. : 01 46 05 39 80

www.zazafactory.com

Ombre Claire

Des bijoux en argent en provenance du Niger fabriqués en harmonie avec les Touaregs et stylisés à la mode européenne. Un mariage heureux qui nous emballe complètement.

Tél. : 06 64 20 19 38

www.ombreclaire.com

A-Typik

La marque qui propose des bijoux en ivoire végétal issus de l'artisanat colombien s'engage à reverser 1 euro sur chaque collier vendu à une orphelinat de Bogota. Une bonne action à soutenir.

Tél. : 06 15 21 58 81

www.a-typik.com

G = 9.8

Des dessous très innovants en microfibres de pin blanc, une ressource naturelle renouvelable. On craque pour la ligne épurée, pour les couleurs acidulées et l'emballage écolochic en soie ou en tissu recyclé.

www.g98.fr

Moyi Ekolo

Des influences ethniques chez cette marque à découvrir qui crée des « chaussures bijoux » parées de corne de zébu de Madagascar, de tricot du Kenya et de feutrine du Népal. La semelle est en caoutchouc naturel et le cuir est tanné végétal.

www.moyiekolo.fr

Beyond skin

Une marque de chaussures anglaise 100% *girly* qui s'engage à n'utiliser que des matières « eco-friendly ». Les couleurs, les imprimés et les lignes collent parfaitement à la tendance. En un clic, on devient l'heureuse propriétaire de chaussures ultra-glamour. A ne pas rater : leur collection mariage.

www.beyondskin.co.uk

Cruselita

Du haut de gamme pour ces accessoires et bijoux en matière naturelle ou recyclée, fabriqués à Madagascar et au Niger. Leur point fort : chaque pièce est unique et entièrement réalisée à la main.

www.cruselita.com

Sylvie Lachance

Cette créatrice donne une seconde vie aux objets. Elle utilise des matériaux récupérés pour faire de très jolis bijoux. Cerise sur le gâteau, si l'on ne trouve pas son bonheur dans sa collection, elle crée sur mesure collier, bracelet et bague. Une bonne idée pour les alliances.

www.sylvielachance.com

Simplywoodrings

Un site américain qui présente et vend en ligne des alliances en bois. De forme brute, sertie d'une pierre ou d'un lien argent tressé, il y en a pour tous les goûts. Une bonne alternative aux alliances en or.

www.simplywoodrings.com

LA LOCATION

Sac d'un jour

La solution idéale pour toutes celles qui ne veulent pas investir dans les accessoires. Vous choisirez votre sac de mariage parmi les plus grands noms de la mode (Chloé, Dior, Fendi...). Location à partir d'une semaine.

www.sacdunjour.com

Feelchic

Un service identique de location de sacs avec la possibilité de l'acheter si vous n'arrivez plus à vous en séparer après la cérémonie.

www.feelchic.fr

Revolushion

En plus de sacs de grandes marques, vous craquerez sur les bijoux de joailliers que vous pourrez louer le temps de votre fête.

www.revolushion.com

LE COSTUME DE MONSIEUR

Article 23

De la classe à l'état pur ! Voilà comment on pourrait définir la ligne masculine d'Article 23 en coton bio et qui respecte les principes du commerce équitable. Les costumes et les chemises à plastron sont extrêmement bien coupés. Un vrai coup de cœur !

www.article-23.com

Conscious Clothing

On craque pour les costumes en chanvre de cette marque américaine qui s'est spéciali-sée dans les tenues de mariage écolos. Les femmes ne sont pas en reste avec de très belles robes de mariée en coton bio ou en matières naturelles. Vente par correspon-dance sur le site.

www.getconscious.com

Coup de charme

Avis aux Oscar Wilde des temps moder-nes. Cette boutique propose sa version du néo-dandysme. Matières superbes, avec une large utilisation de soie sauvage, formes flatteuses et couleurs chatoyantes.

Tél. : 01 43 26 61 97 et 01 40 51 71 37

LA LOCATION

Les deux oursons

Une adresse qui se transmet de générations en générations. Du simple costume à la plus sophistiquée des jaquettes, en passant par la chemise et l'épingle à cravate. Il sera habillé des pieds à la tête à condition de réserver suffisamment à l'avance !

Tél. : 01 45 75 10 77

www.deux-oursons.com

Au Cor de Chasse

Depuis plus de 150 ans, la maison loue des habits de cérémonie. Les mariages les plus prestigieux ont fait appel à cette enseigne où rien n'est oublié : ni le haut-de-forme, ni les chaussures !

Tél. : 01 43 26 15 89

Stilbo

La tenue d'un jour pour être le plus beau sur les photos pour toujours ! Costume, jaquette et smoking... qu'il fasse son choix ! Et qu'il propose à ses témoins de l'accompagner.

Tél. : 05 61 25 09 97

www.stilbo.fr

Terafil

Une collection au service de l'écologie et créée à partir de matières recyclées, chinées dans des centres de tri, brocantes, fripiers en France et dans les pays du Maghreb. L'ingénieuse coupe en un seul morceau permet de placer les coutures à des endroits stratégiques pour que les enfants portent leurs vêtements plus longtemps ! Une jolie manière de porter de belles tenues en faisant une bonne action !

Tél. : 06 08 68 41 16

www.terafil.com

« Je n'ai jamais fantasmé sur la robe de mariée traditionnelle. Hors de question pour moi de porter une robe meringue immaculée. Du coup, mon choix de tenues était illimité. J'ai pu piocher dans la collection d'une de mes créatrices fétiches qui fait de la mode éthique. Une robe vieux rose à col bateau, très sixties. Plus tard, j'ai pu la réutiliser en la raccourcissant de quelques centimètres. Le bon plan ! » Laure, 32 ans.

« Ma grand-mère m'a offert un très joli anneau il y a quelques années. Je le portais autour du cou, au bout d'une chaîne. Ne trouvant aucune alliance à ma convenance, j'ai eu l'idée de le détourner. Après l' avoir personnalisé et lui avoir redonné son éclat, j'avais enfin l'alliance de mes rêves. Sans avoir à enquêter sur les conditions de sa création et sans me ruiner ! » Odile, 28 ans.

« Je me suis mariée en plein hiver. Je n'ai rencontré aucun problème pour trouver une robe de mariée écolo qui me plaise. J'ai craqué pour un modèle en papier assez sophistiqué. En revanche, pour les chaussures, ce fut la catstrophe. Impossible de trouver une paire d'escarpins en matière biologique qui ne fassent pas trop hivernal. Finalement, j'ai craqué pour des ballerines Repetto. Je n'ai pas tenue mon pari 100 % écolo mais au moins j'étais raccord avec ma robe. » Laureline, 30 ans.

3. Les tenues d'un jour

4. La mise en beauté

Bonne nouvelle ! Après des semaines intensives pour trouver la salle de réception, le traiteur et la robe de mariée, vous allez enfin pouvoir souffler et vous occuper d'une chose pas moins importante : vous ! C'est le moment de vous bichonner pour afficher le jour J un cheveu qui brille, une peau lumineuse et une forme olympique. Mais attention ! Inutile de suivre un régime draconien pour perdre trois tailles de vêtement ou de tyranniser des cheveux plats pour obtenir une crinière bouclée. L'idée, c'est de vous sublimer, pas de vous transformer !

Au menu de votre mise en beauté : des cosmétiques 100 % écolos qui vous hisseront au top tout en protégeant l'environnement. Ce marché étant en pleine expansion, vous aurez l'embarras du choix dans les magasins bio mais aussi dans les grandes surfaces et les boutiques spécialisées en beauté. Les courageuses pourront se lancer dans des recettes faites maison. Malin et économique !

Cosmétique bio : *Kesako ?*

Discerner le vrai du faux

On le sait : les cosmétiques bio ont le vent en poupe. Les ventes explosent et nombreuses sont les marques qui prennent le train en marche pour se partager le pactole. Seulement voilà : n'est pas bio qui veut. Pour être considéré comme tel, le produit doit réunir certains critères. D'où la nécessité de bien lire les étiquettes, de ne pas se faire avoir par l'appellation « naturel » et de se référer aux labels. Petit rappel.

Un produit de beauté est bio :

- s'il contient un maximum d'ingrédients naturels, d'origine végétale ou minérale, provenant en majorité de la culture biologique ;

- s'il est transparent. Il doit indiquer le pourcentage d'ingrédients bio et naturels qui le composent ;

- s'il est fabriqué avec un minimum d'ingrédients de synthèse ;

- s'il ne contient pas de paraffine, de silicone, de parfum, de base lavante et de matières premières d'origine animale ;

- s'il n'a pas nécessité de test sur les animaux ;

- si la transformation et la fabrication des matières premières ont été faites dans le respect de l'homme et de l'environnement ;

- si son emballage est en matières recyclées.

Pour éviter les loupés

Sauf à avoir une connaissance hyper pointue en la matière, ne vous lancez pas dans le déchiffrage des étiquettes. Privilégiez les produits certifiés bios. Encore faut-il connaître les labels, et ils sont nombreux, qui réglementent la cosmétique bio ! Parmi ceux qui sont reconnus en France, il y a AB, Écocert, Qualité France, Nature & Progrès, BDIH et Cosmébio (en partenariat avec

Écocert). Leur boulot : définir un cahier des charges et veiller à son respect. Maintenant que vous les avez repérés, achetez les yeux fermés les produits qui affichent leurs logos.

Cinq bonnes raisons d'utiliser des produits écolos

Un petit topo qui confortera les écolos chevronnées et achèvera de convaincre les débutantes.

On protège l'environnement

Ces produits de beauté sont exempts de matières chimiques et principalement composés d'ingrédients issus de l'agriculture biologique. En les choisissant, on participe à l'assainissement des sols, de l'eau et de l'air.

On protège sa peau

De nombreux soupçons pèsent sur les produits chimiques utilisés dans les cosmétiques traditionnels. Même si les études sont rares (car peu financées) ou controversées, il vaut mieux appliquer un principe de précaution en évitant d'utiliser chaque jour des produits potentiellement toxiques. Si vous souhaitez en savoir plus, consultez le « Guide Cosmetox » de Greenpeace. L'association y dresse la liste des ingrédients qui peuvent être dangereux (allergènes, cancérogènes...). Vous serez prévenue : les noms un peu barbares peuvent transformer cette lecture en une véritable épreuve. Pour les pures et dures. À télécharger sur → **www.vigitox.org**

On se fait du bien

Non seulement les produits bios sont bons pour la planète mais ils le sont aussi pour nous. Les matières végétales utilisées regorgent d'actifs bénéfiques pour l'hydratation et la protection de la peau : oligoéléments, acides gras, vitamines, antioxydants... Ils ont tout bon !

On se fait plaisir

Aujourd'hui, plus besoin de sacrifier son goût des belles choses sur l'autel de l'engagement écologique. De nombreux efforts ont été faits pour améliorer la texture et l'odeur des produits de beauté bio, qui jusque-là laissaient à désirer. Côté packaging, fini la sinistrose. Une nouvelle génération de produits se distingue par des emballages chics et *girly* qui n'ont rien à envier aux grandes marques.

On ne se ruine pas

Vous ne réfléchirez plus à trois fois avant de craquer pour des cosmétiques bios qui, certes vous rendront plus belle, mais peuvent aussi sacrément plomber votre budget. L'offre s'étant considérablement élargie, on les achète non seulement dans des magasins bio mais aussi en grandes et moyennes surfaces, à des prix vraiment intéressants. Une bonne raison pour être bio de la tête jusqu'aux pieds.

Ma peau

Il n'y a pas de mystère : pour obtenir une peau de bébé, il faut respecter ces cinq règles d'or. Et utiliser des produits bios, évidemment !

Je me démaquille

Quelle que soit l'heure à laquelle vous rentrez chez vous, ne sautez pas l'étape indispensable du démaquillage. Sous peine de vous réveiller avec des lèvres et des paupières gonflées. Utilisez de préférence un démaquillant différent pour les yeux et pour le reste du visage. Les femmes pressées préféreront les produits sans rinçage à l'eau.

Je nettoie

Découvrez d'abord quel est le type de votre peau avant de vous jeter sur n'importe quel produit. Les peaux grasses, sèches, mixtes ou à tendance acnéique ne se traitent pas de la même manière. Nettoyez votre peau matin et soir avec un lait, un gel, une lotion ou un savon bio. Donnez-vous un coup de pouce en choisissant des produits « deux en un » qui nettoient et défroissent le visage en même temps. Vous pouvez aussi nettoyer en profondeur en faisant un masque bio par semaine.

Je gomme

Les petites peaux mortes se délogent à l'aide de produits exfoliants. Insistez particulièrement sur les parties rugueuses du corps comme les coudes, genoux, talons. Sur le visage, vous gommerez avec plus d'attention le front, le nez et le menton, des zones où le sébum est plus concentré. Privilégiez les produits gommants à base d'extraits de plantes bio comme la camomille, le millepertuis ou l'aloé vera. En fonction du type de votre peau, vous procéderez au gommage une fois par semaine. Des formules quotidiennes existent pour les peaux à problème.

J'hydrate

Une étape que l'on a toutes tendance à oublier. Elle évite pourtant d'avoir une peau de serpent pas très sexy. Imposez-vous une séance d'hydratation en sortant de la douche, matin et soir. Privilégiez les produits plus riches en hiver et des formules allégées en été. Pour le visage comme pour le corps, choisissez la crème adaptée à votre type de peau.

J'épile

Malgré quelques tentatives isolées, les poils n'ont pas droit de cité chez les Françaises. L'épilation est donc notre lot quotidien, mensuel ou bimensuel. Tout dépend du produit que vous utilisez et de son efficacité : rasoir, cire ou crème dépilatoire bio. Pour avoir des jambes parfaitement lisses, épilez-vous la veille du mariage. Utilisez le moyen habituel pour éviter toute mauvaise réaction.

Mes cheveux

Pour les colorer

Vous avez envie de changer de tête pour votre mariage ? D'avoir de jolis reflets ou de retrouver votre couleur naturelle ? Rien ne vous condamne à utiliser des colorants traditionnels truffés de composants chimiques, qui fragilisent le cheveu, agressent le cuir chevelu et peuvent provoquer des allergies sur votre peau. Optez pour des colorations végétales. Ces teintures à base de plantes commencent à se développer, et c'est tant mieux. Ne vous montrez pas trop exigeantes : très peu sont certifiées bio (mais elles ont l'avantage de contenir le moins de produits chimiques possible) et elle ne permettent pas d'avoir un résultat vraiment uniforme. Donc, indulgence !

Les filles les plus dégourdies tenteront une coloration à domicile. Deux impératifs pour la réussir : faire plusieurs mois avant des masques d'argile pour éliminer toute trace de produits chimiques antérieurs. S'armer de patience car, pour que le produit puisse bien se fixer, le temps de pose doit être beaucoup plus long. Si vous craignez les ratés, rendez-vous dans un salon de coiffure naturel (c'est la grande tendance). Pratique et sans risque !

Pour les coiffer

Si vous avez les cheveux longs, misez sur le naturel en portant les cheveux détachés. Mais attention : pas question de garder votre coupe de tous les jours. Donner un coup de frais à vos cheveux en les effilant, en les parsemant de fils dorés ou en les gaufrant. Le mieux étant d'alterner mèches raides et mèches gaufrées. Autre alternative : les nattes.

♥ Pour un look « belle des champs », faites une grosse natte couchée qui part d'un côté du visage pour rejoindre l'autre extrémité. Rassemblez la natte et le reste de la chevelure en faisant une couette sur le côté. Attachez l'ensemble avec un joli nœud. Vous pouvez aussi laisser les mèches de derrière entièrement libres.

♥ Pour un style ethnique, faites plusieurs petites nattes folles. Alternez tresses avec et sans rubans.

♥ Indémodable, le chignon reste une valeur sûre pour les coiffures de mariée. Flou, bas, lisse ou bouclé, à vous de décider !

♥ Si vous avez les cheveux courts, à vous les jolies torsades. Vous allez séparer vos cheveux en plusieurs mèches de la même grosseur. Enroulez-les en les maintenant près du crâne et piquez-les d'une pince fantaisiste afin de les fixer. Répétez cette opération sur tout le devant de la tête et ébouriffez le reste de la chevelure. Autres options : cranter les cheveux (pour un style joliment rétro) ou les plaquer (un look de garçonne que l'on tempère avec un maquillage soutenu).

Ma forme

Le bon plan

Plutôt que de vous ruiner en vous abonnant à une salle de gym ou en engageant un coach perso, rusez ! Vous utiliserez autrement (et mieux) les deniers épargnés.

Misez sur les sports d'endurance comme la marche et le jogging, qui transforment vraiment la silhouette, et qui plus est sont gratuits ! Pour la marche, astreignez-vous à trente minutes de marche rapide. Pour vous aider au quotidien, sortez quelques stations de bus ou de métro avant la vôtre et terminez le parcours à pied. Pour le jogging, n'adoptez pas tout de suite le rythme d'une marathonienne. Commencez en douceur (quinze minutes par séance) puis augmentez petit à petit pour atteindre trente minutes ou quarante-cinq minutes. En revanche, évitez ce sport si vous avez des problèmes de dos, de genou ou de retour veineux.

Si vous préférez faire du sport à la maison, investissez dans un DVD de gymnastique et essayez de vous imposer un programme d'une demi-heure par jour.

Soyez zen

Tout aussi importante que votre forme physique est votre forme morale. Avec l'organisation du mariage, elle sera mise à rude épreuve. Calmez votre esprit en pratiquant le yoga, une ancienne discipline indienne basée sur la recherche de l'harmonie entre le corps et l'esprit. Il existe différents enseignements, le plus répandu étant le Hatha yoga, proche de la relaxation. Vous ressentirez rapidement un certain bien-être en adoptant postures et exercices de respiration sous l'œil d'un maître vigilant. Autres pratiques relaxantes : le shiatsu et le tai chi chuan. Originaire du Japon, la première a pour vertu de libérer l'énergie qui circule mal dans notre corps. Le praticien appose ses mains, les presse sur des points stratégiques et étire le corps afin de débloquer l'énergie. La seconde est un mélange d'art martial, de méditation et de gymnastique. Elle se pratique de préférence en plein air, en groupe ou seul, en effectuant des mouvements lents, proches des gestes de combat, face à un adversaire invisible. Cet exercice détend le corps, l'esprit et chasse le stress.

Je le fais moi-même !

 Voici quelques recettes naturelles à faire à la maison, qui vous rendront belles et épargneront votre porte-monnaie.

Démaquillant maison

Rapez un concombre et jetez-le dans une casserole de lait bio. Portez à ébullition puis passez au tamis. Une fois que le mélange a refroidi, imbibez un morceau de coton et démaquillez-vous.

Gommage maison

Mélangez dans un bol une cuillère à café de gros sel marin, trois cuillères à soupe d'huile d'olive et quelques gouttes d'huiles essentielles. Frottez les différentes parties du corps avec cette mixture très efficace.

Masque maison

Revitalisez votre visage en l'enduisant d'un mélange de jaune d'œuf et d'huile d'olive pendant quinze minutes. Un jaune d'œuf et une cuillère à café suffisent. Rincez abondamment à l'eau.

Hydratation maison

Mélangez deux cuillères à soupe d'huile d'olive, le jus d'un demi-citron et la pulpe d'un demi-avocat. Appliquez cette mixture sur tout le corps. Laissez poser dix minutes puis rincez abondamment.

Anti-fatigue maison

Si vous avez les yeux bouffis par la fatigue, préparez une infusion à base de fleurs de camomille. Laissez-la refroidir puis plongez-y deux compresses que vous appliquerez sur vos yeux pendants quinze minutes. Variante : utilisez des sachets de thé froid de la même façon.

Anti-cernes maison

Coupez en fines lamelles des pommes de terre crues que vous disposerez sous vos yeux pendant dix minutes. Rincez à l'eau tiède.

Le B.A.-BA vert

☒ La cosmétique traditionnelle consomme beaucoup d'emballages pour rendre les produits attrayants. Les boîtes, sur-boîtes, notices et papier de soie engendrent des tonnes de déchets chaque année que l'on ne sait pas toujours recycler. Pour éviter ce gaspillage, privilégiez les produits qui sont peu emballés ou qui sont contenus dans du carton recyclé.

☒ Résistez à l'offre massive de lingettes (démaquillantes, nettoyantes, hydratantes…) qui sont à usage unique et non recyclables. Dans le même esprit, évitez les mini doses et investissez dans des gros pots de cosmétiques qui dureront un certain temps.

Soin pour les mains maison

Pour avoir des mains douces et fortifier vos ongles, plongez-les dans un bain d'huile d'olive tiède et d'huile de ricin, agrémenté d'un jus de citron. Passé dix minutes, frottez-vous les mains et rincez-les.

Baume cheveux maison

Battez deux jaunes d'œuf et ajoutez le jus d'un citron ainsi que deux cullères à café de miel. Appliquez ce mélange sur l'ensemble de la chevelure et massez-la. Laissez pénétrer quinze minutes puis rincez. Les cheveux seront revitalisés et brillants.

À savoir

Jetez après utilisation les masques et les gommages faits maison car ils ne se conservent pas. Pour bien conserver vos huiles essentielles, rangez-les dans un endroit sombre et frais. On évite donc de les stocker dans la salle de bains, beaucoup trop humide et chaude.

Mémento pratique

On mise sur le long terme. Plutôt que de réagir à la dernière minute, essayez d'adopter les bons gestes beauté au quotidien : démaquiller, nettoyer et hydrater. Une fois par semaine, offrez-vous un gommage et un massage, du corps comme du visage.

On n'improvise pas. Si vous vous maquillez toute seule le jour J, faites plusieurs essais avant, dont un avec la robe. Vous pouvez aussi participer à des ateliers de maquillage pour parfaire votre coup de main. Option pro : faites-vous maquiller en institut le matin du mariage ou faites venir à votre domicile un professionnel.

On adopte la discrétion. Côté maquillage, rien de trop appuyé. On oublie les yeux charbonneux ou la bouche écarlate. On favorise les tons pastels pour un côté ingénu. Pas de rouge vif sur les ongles non plus. Vernis transparent ou de couleur crème feront l'affaire. Au plus, on se fait plaisir avec du vernis cerise griotte.

On use des accessoires. Pour relever une coiffure simple : du raphia naturel, des rubans, des barrettes, des pinces, des bijoux de cheveux…

On est prévoyante. On remplit une petite trousse le jour J avec de la poudre, un rouge à lèvres, du blush. Indispensable pour les retouches maquillage.

COSMÉTIQUES BIO

EN MAGASIN

Biocoop

Un réseau de 300 boutiques bio en France qui se distingue par un large choix de cosmétiques. **Le +** : une gamme de produits « La bio, je peux » qui sont 10 à 30 % moins chers que les autres.

www.biocoop.fr

Naturalia

Une enseigne pionnière, ouverte depuis plus de trente ans, qui est principalement implantée à Paris et en région parisienne. Très bons rayons de cosmétiques.

www.naturalia.fr

La Vie Claire

Dans leurs rayons beauté, on se ravitaille essentiellement en huiles corporelles d'argan, d'amande douce, de jojoba… Un délice.

www.lavieclaire.com

Maquillage Caffé

Deux boutiques en plein Paris ouvertes par Couleur Caramel, LA marque de maquillage bio où l'on peut boire un café donc, se refaire une beauté et remplir son panier de maquillage malin.

www.naturecos.fr

Résonances

L'enseigne a largement développé son offre en cosmétique. Entre les livres et des accessoires pour la maison, on y trouve de multiples produits bio pour le visage, le corps, le bain, le hammam…

www.resonances.fr

Marionnaud

Lancée récemment sur le marché par Marionnaud, la gamme Bio propose des soins hydratants et démaquillants, ainsi que des formats pour le voyage. A découvrir.

www.marionnaud.fr

Yves Rocher

La marque a répondu aux sirènes du bio en lançant des produits de cosmétique végétale aux extraits de plantes bio. Pour se faire une beauté naturelle, de la tête jusqu'aux pieds, et à petits prix.

www.yves-rocher.fr

The Body Shop

On n'oublie pas cette enseigne incontournable qui en plus de vendre des produits naturels et éthiques propose aussi des soins bio certifiés par Cosmebio.

www.ccbparis.fr

SUR LE NET

www.douxme.com

On craque pour cette jeune marque qui dépoussière l'image des cosmétiques bio avec un packaging ultra-frais et des textures vraiment agréables.

www.mondebio.com

Dt Hauschka, Cattier, Sanoflore : toutes les marques incontournables du bio se retrouvent sur ce site. On y surfe les yeux fermés.

www.mysweetbio.com

Un site très agréable à visiter aux couleurs *girly*, qui propose plus de 200 produits bio pour le corps et le visage.

www.cosmaterra.fr

De la beauté bio oui, mais aussi naturelle pour toutes celles qui ne font pas la chasse aux labels.

www.mademoiselle-bio.com

On y fait ses courses beauté pour toute la famille, futur mari compris. On salue la volonté de ce site de présenter des marques innovantes.

www.cosm-ethique.com

L'huile d'argan, cultivée au Maroc dans des conditions équitables, est la grande vedette de ce site. On la retrouve dans les différents soins du visage et du corps.

www.bionessence.fr

Sur ce site, on s'inscrit pour participer aux ateliers d'initiation à la cosmétique bio. Des cours malins pour apprendre à faire soi-même ses produits de beauté. On adhère !

SALONS DE COIFFURE NATURELS

Coiffure et Nature

George Bacon ne jure que par la coloration vegétale et par l'aromathérapie. Pionnier en la matière, ce coiffeur féru de nature fait de vraies petites merveilles avec les plantes. On lui confie sa tête sans sourciller.

1, rue de la Bastille - 75004 Paris
Tél. : 01 42 72 90 37

www.coiffureetnature.fr

R Végétal

Dans ce salon joliment coloré, la nature est omniprésente : des fleurs par brassées et des plantes qui grimpent sur le mur. Au menu : des colorations végétales sans produits chimiques et des shampoings naturels.

36, rue Beaurepaire - 75010 Paris
Tél. : 01 42 06 80 04

www.rvegetal.com

L'an Vert

Des prix attractifs, des coiffures innovantes et une décoration insolite : ce salon de coiffure qui propose des soins 100 % bio et des colorations naturelles a vraiment tout pour plaire. À découvrir impérativement.

73, boulevard de Strasbourg
31400 Toulouse
Tél. : 05 61 21 11 68

Romain Colors

Ce chouchou des stars et des magazines féminins est passé maître en coloration naturelle. Il mélange huiles végétales, argile et épices pour un résultat détonnant.

33, rue Rousselet - 75007 Paris
Tél. : 01 42 73 24 19

www.romaincolors.fr

Coiff&bio

Un coiffeur qui se déplace à domicile (au Mans) pour faire des colorations végétales et traiter vos cheveux avec de l'argile et des huiles essentielles.

www.coifferbio.com

Coiffure Isabelle Millet

À Reims, une adresse qui fait autorité depuis plusieurs années. Ici, non seulement on s'offre une coloration naturelle ou une permanente sans amoniaque, mais on se refait aussi une beauté grâce à un large choix de cosmétiques bio. Relooking également proposé.

228, avenue Jean Jaurès - 51100 Reims
Tél. : 03 26 07 06 38

www.salondecoiffurebio.fr

Arôme coiffure

Un accueil VIP dans ce salon qui privilégie le contact avec les clientes. Les coupes sont réalisées au ciseau, les produits sont naturels et bio. Musique d'ambiance, siège massant : tout est fait pour que l'on passe un moment relaxant.

22, rue des fossés - 35000 Rennes
Tél. : 02 99 27 61 47

Style Jean-Pierre

Des coiffures au chic naturel et des cheveux chouchoutés avec des huiles essentielles pour des soins et des massages du cuir chevelu.

56, quai Paul Bert
37100 Tours
Tél. : 02 47 88 05 05
www.stylejeanpierrenature.fr

FORME

Union Nationale de Yoga
Tél. : 01 42 78 03 05

Fédération Française de Shiatsu traditionnel
Tél. : 01 42 29 64 22
www.ffst.fr

Fédération Française de Wushu (dont Tai Chi Chuan)
Tél. : 01 40 26 95 50
www.ffwushu.fr

Organiser son mariage vert

Témoignages

« Un peu novice en la matière mais pleine de bonne volonté, j'ai décidé deux jours avant le mariage de me faire un soin du visage bio maison : le fameux masque à base d'huile d'olive et d'œuf. Persuadée de son bienfait, je l'ai gardé sur le visage toute la soirée au lieu du quart d'heure conseillé. Juste avant de me coucher, en l'enlevant j'ai découvert un visage complètement bouffi. J'ai mis plus de douze heures pour dégonfler. Grosse frayeur avant le jour J ! » Agathe, 28 ans.

« Côté coiffure pour mon mariage, je ne voulais rien d'extraordinaire, juste réveiller un peu ma couleur avec quelques mèches. Une amie m'a conseillé un salon de coiffure bio. Moi qui suis très sensible du cuir chevelu, j'ai été ravie de cette expérience. Aucune sensation de brûlure durant la pose du produit colorant ! Certes le résultat n'était pas spectaculaire, le contraste étant assez léger, mais au moins je n'ai pas eu besoin de souffrir pour être belle ! » Stéphanie, 26 ans.

« En guise d'enterrement de vie de jeune fille, mes meilleures amies m'ont offert une journée dans un spa. Mais pas n'importe lequel ! Connaissant mes convictions écologiques, elles se sont cassé la tête pour trouver un institut proposant des soins à base de produits bios. J'ai passé une excellente journée dans des effluves d'huiles essentielles. Un bonheur ! » Mélanie, 30 ans.

5. Les invitations

Personne n'a oublié les sentiments d'excitation et de curiosité qu'accompagnent généralement l'arrivée d'une belle enveloppe manuscrite dans la boîte aux lettres. On la décachette fébrilement en se posant les incontournables questions : qui se marie ? Où et quand ? Comme chacun sait, la première impression est toujours très importante. Et c'est justement l'invitation à votre mariage qui va révéler à vos proches la couleur que vous souhaitez donner à votre grand jour... Verte forcément ! On oublie donc les traditionnels faire-part, coupons-réponses et enveloppes en papier classique, dit de pâte vierge. Leur fabrication nécessite une très grosse consommation de bois, d'énergie et d'eau et entraîne des conséquences nocives pour notre planète. Aujourd'hui, il est possible d'annoncer la grande nouvelle en diminuant fortement les dégâts. De nombreuses alternatives aussi *trendy* et jolies qu'écologiques existent pour faire part du plus bio des mariages... Le vôtre !

Version papier

Difficile de vous passer des traditionnels faire-part et invitation en papier ? Alors, faites-vous plaisir mais pensez à la planète en adoptant de nouveaux réflexes.

La fabrication de papier à base de bois (la forme la plus classique) a un impact direct sur la nature : déforestation, rejet de nombreux produits toxiques et polluants, hausse de la consommation d'énergie et par conséquent réchauffement climatique.

Vive le papier recyclé !

Aux oubliettes, le papier « marronnasse » d'antan. Aujourd'hui, nombreux sont les créateurs de faire-part et papeteries qui proposent des produits chics et respectueux de l'environnement. Profitez-en !

B.A-BA vert

☒ On appelle « recyclé », un papier qui comprend au moins 50 % de fibres provenant de déchets de papier.

☒ Les puristes opteront pour du 100 % recyclé, non désencré et non blanchi et rechercheront la garantie du logo « APUR » (Association des producteurs et utilisateurs de papier-cartons recyclés).

☒ Chaque année, plus de 10 millions d'hectares de forêts disparaissent à travers le monde. 1 arbre sur 5 est abattu pour l'industrie du papier.

☒ Une tonne de papier recyclé permet de sauver 17 arbres, 20 000 litres d'eau, l'équivalent de 1 000 litres de pétrole et évite de nombreux rejets polluants, tout en diminuant de moitié la quantité de CO_2 relâché dans l'atmosphère.

☒ La France recycle environ les deux tiers de sa production de papier.

Du papier sans bois

Il existe d'autres alternatives aussi étonnantes qu'écologiques. Bluffez vos invités en leur envoyant des faire-part à base de matières naturelles et cultivées sans pesticide, fongicide ou autres produits chimiques. Les fibres de kénaf, lin, abaca et chanvre sont très solides et produisent un papier de très belle qualité.

Sans oublier le bambou, qui offre six fois plus de cellulose que le bois et pousse à vitesse grand V. Idéal pour des invitations « vertes » !

Attention à l'impression

Saviez-vous qu'encre et protection de l'environnement font souvent mauvais ménage ? Trop de cartouches finissent à la décharge sans avoir été recyclées et alors... Bonjour les dégâts ! En effet, leur composition est un cocktail toxique pour Mère Nature : encres, oxyde de fer, plastique, tambour photoconducteur avec de l'arsenic et du nitrate d'argent.

Des cartouches recyclées

Vous avez décidé d'imprimer vous-même vos invitations ? Parfait mais commencez par utiliser des cartouches d'encre écologiques. Elles ont été recyclées pour être ensuite remplies d'encre neuve. Vous pouvez également faire remplir les vôtres auprès d'une boutique. Une astuce à la fois « verte » et économique !

Recto-verso

Imprimez ou faites imprimer le plus souvent possible vos invitations sur les deux côtés. Vous utiliserez ainsi moins de papier.

Encre à base végétale

De nombreux imprimeurs professionnels utilisent désormais des encres écologiques, souvent à base d'huiles de colza, soja, lin, tournesol et de pigments végétaux. Biodégradables, elles sont nettement moins nocives pour la nature que les encres à base d'huile minérale.

Page d'écriture

Oubliez les imprimantes et l'énergie qu'elles consomment ! Rédigez à la main et de votre plus belle plume le texte des invitations et des enveloppes. Vous personnalisez ainsi chaque envoi. Vous avez la flemme ? Demandez aux enfants de votre entourage de le faire et donnez-leur un coup de main en leur confiant une règle de calligraphie.

Less is more

Ou « moins il y en a, mieux c'est ! ». En adoptant cette attitude, vous ne passerez pas pour un couple de radins mais pour des amoureux pragmatiques et soucieux de l'environnement. Preuves à l'appui.

Des envois groupés

Inutile de faire parvenir à votre amie d'enfance et à son petit ami deux invitations différentes... Même s'ils ne vivent pas ensemble ! Une seule enveloppe portant leurs deux noms et à l'adresse de votre copine suffira. On adopte un réflexe identique pour les familles nombreuses même si les enfants ont quitté le nid depuis belle lurette !

Petit rappel

Un faire-part sert à annoncer votre mariage et une invitation à préciser les détails de la réception. La tradition veut que l'on fasse parvenir à ses connaissances, qui n'ont pas été conviées à la fête, un faire-part. Et aux V.I.P (ceux qui ont l'honneur d'être attendus au repas de fête !) : un faire-part + une invitation. Bousculez les codes et faites un geste pour les arbres en annonçant à votre cercle très lointain (anciens collègues et voisins, amis à l'étranger, parents éloignés...) votre mariage par voie de presse. Un petit encadré dans les pages de votre quotidien préféré fera très bien l'affaire. Vous pouvez également utiliser toutes les fonctionnalités qu'offre le Web pour relayer auprès du plus grand nombre votre bonne nouvelle : Facebook, Twitter, blog ou email personnalisé !

Pour le vin d'honneur

Si vous avez choisi de convier certaines personnes uniquement au cocktail et non au reste de la réception, un petit carton supplémentaire est à prévoir pour elles... Mais sur du papier recyclé (ou sans bois) s'il vous plaît !

R.S.V.P.

Afin de vous organiser, vous allez avoir besoin d'une réponse de vos invités. Précisez sur le carton : « R.S.V.P. uniquement par email ou par téléphone avant le XX. » Aux oubliettes le carton-réponse glissé dans l'enveloppe !

 **On recycle**

Récupérez toutes les chutes de papier possibles et imaginables : jolies pages de magazines, feuilles de papier calque coloré de votre petit neveu, cartes postales jamais utilisées et qui traînent au fond d'un tiroir, chemises en carton... Plus les modèles seront différents, mieux ce sera ! Taillez dedans de jolies formes ou de parfaits rectangles pour créer votre carton d'invitation et inscrivez à la main le texte de votre choix. Vos proches seront ravis de recevoir un faire-part unique.

Confectionnez vos enveloppes vous-même en les découpant dans des chutes de papier-peint (très résistant !) ou de papier calque coloré. Les plus créatifs les fermeront à l'aide de ruban, lien en raphia ou encore d'un rouleau de bolduc...

On opte pour des envois *light*

On ne bourre pas l'enveloppe de mille et une autres feuilles de papier : adresses des hôtels de la région, horaires de train et d'avion, plan pour se rendre à la cérémonie religieuse et/ou civile. Il existe d'autres moyens de donner ces indications qui sont nettement plus écologiques et modernes ! Voir ci-dessous.

Vive le progrès !

Créez un blog ou un site dédié à votre mariage

Vous y intégrerez toutes les informations qui n'ont pas été mentionnées sur les invitations : liens vers le lieu de réception, indications géographiques avec un plan, coordonnées pratiques (hôtels classés par budget, compagnies de location de voitures, transports...). Plus tard, vous ajouterez les photos du grand jour. Bien évidemment, vous mentionnerez l'adresse de votre site ou blog sur les invitations !

Et pourquoi ne pas créer une page spéciale « Notre Mariage » sur Facebook ou sur un autre réseau social pour tenir au courant étape par étape vos proches ?

Un email en guise d'invitation ?

Même si la version brute d'un courriel n'est pas des plus romantiques, elle a le mérite d'être la plus écologique. Veillez simplement à mettre un objet qui attirera l'attention de vos destinataires : « INVITATION mariage de Marie et Pierre », par exemple. Prévoyez aussi de demander un accusé de réception.

Attention, votre grand-tante Sidonie ne possède peut-être pas d'adresse électronique, elle aura droit à un coup de fil en direct ou à une jolie invitation papier. Pensez aux personnes plus âgées ou à celles qui sont réfractaires au progrès...

Une E-invitation

Les faire-part et cartons d'invitations électroniques sont une solution à privilégier. Beaucoup plus personnalisés et travaillés qu'un email traditionnel, ils remplacent avantageusement, écologiquement et économiquement la version papier (la plupart d'entre eux sont en outre gratuits).

Un petit film pour un grand événement !

Et pourquoi ne pas envoyer une vidéo de vous deux annonçant la bonne nouvelle et les détails de la grande journée par email ? À réaliser vous-même ou à commander auprès de professionnels. En un clic, vos convives la recevront sur leur boîte électronique.

Des idées qui changent

Une invitation = une bonne action !

Certains fabricants ou créateurs de faire-part proposent de reverser une partie de la somme que vous avez versée lors de votre commande à des œuvres caritatives, écologiques ou humanitaires. On se laisse séduire par l'idée.

Livraison à domicile

Si vous avez le temps et que vous souhaitez réduire l'émission de CO_2, enfourchez un vélo et déposez vous-même les invitations dans les boîtes aux lettres de vos convives. Ou divisez la tâche en plusieurs groupes selon les lieux de résidence de chacun... et leur bonne volonté !

La Poste se met au « vert » !

Pensez à acheter vos écocarnets de timbres Marianne. Chacun compte désormais 12 timbres au lieu de 10 sur une surface quasiment identique. Grâce à cette initiative, on constate une diminution de 13 % de papier utilisé (résultat : 192 arbres préservés par an !). Mieux encore, ils sont imprimés sur des papiers issus des forêts gérées durablement. Pas mal, surtout lorsqu'on sait que 500 000 carnets dont vendus chaque jour en France !

Mémento pratique

Ce que veulent les usages

1. On ne calcule pas 1 invité = 1 faire-part ! Mais plutôt : 1 adresse = 1 faire-part !

2. On prévoit également davantage d'enveloppes, de faire-part et d'invitations que le nombre d'envois prévu. Les ratures et les erreurs sont vite arrivées !

3. On relit bien le texte et on n'hésite pas à traquer la faute d'orthographe dans un nom ou la faute de grammaire dans la formulation.

4. On prévoit deux à trois semaines entre la commande et la livraison.

5. Attention : le prix de l'impression diffère selon deux critères : gravure ou non, encre noire ou de couleur.

6. La grande tradition préconise un format bien particulier pour les faire-part : deux feuillets pliés de 15 x 20 cm souvent en vélin d'Arches ou de couleur ivoire. Le texte, en lettres anglaises, est gravé en noir. Depuis quelques années, on remarque l'utilisation d'encres bleu marine ou vert bouteille. Chaque feuillet correspond à une famille. On prendra soin de placer en premier, à l'ouverture de l'enveloppe, celui de la famille que connaissent les invités. Le carton d'invitation, de la taille d'une grande carte de visite, de papier et d'impression identiques au faire-part, sera glissé dans l'enveloppe.

7. Aujourd'hui, il n'est pas rare de recevoir un faire-part dans lequel les deux futurs mariés annoncent eux-mêmes leur mariage.

8. Selon la tradition, sur le carton d'invitation, c'est le nom de la mère de la mariée qui est inscrit. Son nom apparaît sous la forme suivante : Madame Robert Durand recevra… À moins qu'elle ne soit divorcée, alors son nom de jeune fille, si elle l'a repris, sera utilisé : Madame Jeanne Dupont recevra…

9. Aujourd'hui, les frais sont souvent partagés par les deux familles et dans ce cas, les noms de deux mères apparaîtront. Celui de mère de la mariée précède toujours celui de la maman du marié. Si ce sont les mariés qui financent leur mariage, ils pourront indiquer leurs deux noms comme hôtes de la réception.

Attention ! Il faut perdre les mauvaises habitudes. Il y a vingt ans, on ne cachetait pas les enveloppes parce que les faire-part de mariages et de naissances bénéficiaient d'un tarif préférentiel. Ce n'est plus le cas aujourd'hui. Des machines ventouses se chargent de l'affranchissement et il n'est pas rare qu'elles perdent au passage un carton d'invitation !

Nos adresses coup de cœur

PAPIER RECYCLÉ ET ÉCOLOGIQUE

G. Lalo

Manufacture de papiers à lettre et d'enveloppes de luxe depuis 1920, ce grand nom a imaginé un papier recyclé original et d'une qualité exceptionnelle. Le petit plus ? Ses éclats dorés répartis subtilement sur sa surface.

Tél. : 01 40 40 44 45

www.g-lalo.fr

Kardamome

Un vrai coup de cœur pour ces créations originales, acidulées d'artistes et des modèles personnalisables. Le papier utilisé est 100 % recyclé : il est blanchi de manière écologique sans azurant optique ni agent chloré.

www.kardamome.fr

L'arbre aux papiers

On craque pour les nombreuses sortes de papier recyclé proposées chez cet artisan du Mans : effets rustique, confetti, granit… Mention spéciale pour les jolies cartes d'invitation à colorier soi-même.

Tél. : 02 43 85 31 20

www.l-arbre-aux-papiers.com

Tout allant vert

Une adresse pour dénicher tout le matériel nécessaire à la confection « home made » de vos invitations : du papier recyclé, créatif et coloré aux marqueurs « verts », en passant par un tube de colle écologique !

www.toutallantvert.com

Vitrine du faire-part

La marque qui propose un vaste choix de faire-part traditionnels a imaginé un modèle délicat et romantique sur un support papier recyclé 250 g de couleur miel.

Tél. : 02 35 25 41 86

www.vitrinedufairepart.com

Petite Pousse

Une créatrice qui a choisi d'unir le design à la protection de l'environnement. Dans une démarche sociale et solidaire, Charlotte Bébin travaille avec une coopérative d'activités et d'emplois, imprime ses faire-part uniquement sur du papier recyclé et labellisé et s'oblige à limiter son empreinte écologique : chasse au gaspillage et collaboration avec des prestataires locaux. Bravo !

www.petitepousse.com

Alp'papier

Des artisans spécialisés dans le papier fabriqué à partir de papiers usagés récupérés. Vous y trouverez votre bonheur pour créer vous-même vos invitations.

Tél. : 04 76 17 00 68

www.premiumwanadoo.com/papirralp

Mon faire-part mariage

Faire-part, invitation, enveloppe, marque-place, menu, étiquette pour les dragées… La marque décline toute une collection naturelle sur papier recyclé. Il est même possible d'ajouter une photo sur ce papier garanti 100 % sans chlore.

Tél. : 0820 200 115

www.mon-faire-part-mariage.com

Loupiots Design

Des créations graphiques sur mesure ou à choisir parmi les invitations imaginées par Sophie Otrage et réalisées sur du papier recyclé.

www.loupiots-design.com

DES INVITATIONS EN LIGNE

E-invitation

Un vrai coup de chapeau à ce site qui propose des faire-part et des invitations qui s'ouvrent en plusieurs volets… Comme les traditionnels en papier ! On aime les différents modèles qui n'ont rien à envier à ceux de la papeterie. En plus, la marque se charge de l'envoi par email et a pensé à tout… avec une version papier pour les invités encore réfractaires aux courriers électroniques.

www.e-invitation.com

Dromadaire

Le n° 1 des vœux on-line propose d'envoyer gratuitement par email (et/ou sur le téléphone mobile de vos proches) des cartes d'invitations classiques, animées ou musicales. On personnalise le texte et on choisit aussi la date d'envoi.

www.dromadaire.com

Une invitation

Un concept extra qui s'occupe de tout : après avoir sélectionné vos cartes d'invitation ainsi que le texte et un coupon-réponse, la société gère l'envoi et la réception au fur et à mesure des réponses. Formidable ! La plupart des services sont gratuits et d'autres options sont payantes. À découvrir !

www.uneinvitation.com

Cybercartes

Dans un esprit plus *cartoon* et coloré, choisissez votre carte d'invitation virtuelle qui sera envoyée gratuitement à vos proches. On aime la possibilité de sélectionner un timbre virtuel et en accord avec le style de votre fête.

www.cybercartes.com

Hallmark

Le grand nom de « toutes les occasions » version papier s'est également lancé dans l'envoi gratuit de e-cartes dont plusieurs modèles pour les mariages. Une bonne idée.

http://fr.hallmark.be

SMS Distrio

Cette entreprise se charge d'envoyer en grand nombre et par SMS l'annonce de votre mariage. Comparez les tarifs avec ceux de votre opérateur !

www.smsdistrio.com

UNE INVITATION ANIMÉE

Acapela TV

Annoncez la grande nouvelle sous la forme d'un dessin animé ou par la voix d'un présentateur rétro d'informations. C'est simple comme bonjour ! Il suffit de taper votre message et la magie de la technologie le transforme en petit film. Le tout sera envoyé par email à vos invités. Un vrai coup de cœur pour cette idée très amusante.

www.acapela.tv

UNE BONNE ACTION

LC faire-part

Une belle sélection d'invitations version papier, certes non recyclé mais avec un grand plus ! La société s'engage à reverser 1 euro sur chaque commande enregistrée à l'association La Chaine de l'Espoir. Cette organisation humanitaire vient en aide aux enfants malades, défavorisés ou déscolarisés.

www.lc-faire-part.com et
www.chainedelespoir.org

Faire-part sélection

Si les cartes proposées ne déclinent pas la thématique mariage et ne sont pas très créatives, elles ont le mérite d'agir pour la bonne cause. Une partie des bénéfices réalisés est reversée directement à l'association Rêves, qui réalise les souhaits des enfants malades.

www.fairepartselection-reves.com et
www.reves.fr

Faire-part vidéo

Un faire-part papier + la vidéo sur DVD de votre annonce de mariage = une bonne idée mais pas forcément la plus « verte »... Et pourtant ! La société, en partenariat avec l'association Solidarité Nature, vous offre le parrainage de votre arbre à la base de loisirs de Cergy-Pontoise. Vous pourrez même assister à la plantation de votre arbre !

http://faire-part-video.com/faire-part-ecolo.html

VOTRE SITE OU BLOG DE MARIAGE

Le site du mariage

Vous n'êtes pas douée en informatique ? Pas de panique, cette société prend en charge de A à Z la création et la gestion de votre site internet personnalisé. Vous pourrez le tester gratuitement pendant une semaine.

www.le-site-du-mariage.com

Aufeminin

Le site féminin n°1 en Europe vous offre la possibilité d'héberger gratuitement et dans un univers aussi bien *girly* que classique le blog de votre mariage. Pourquoi s'en priver ? Vos invités pourront suivre pas à pas vos impressions et récolter toutes les infos pratiques concernant le grand jour.

www.aufeminin.com

Over blog

De nombreuses options et applications sont offertes pour imaginer votre blog : un choix de plus de trente designs, une forte capacité d'accueil d'album photos, et une grande souplesse pour les modifications...

www.over-blog.com

Témoignages

« Notre budget était assez limité et nous ne voulions pas gâcher de l'argent et des arbres dans l'envoi de faire-part en papier. J'ai alors eu l'idée d'organiser une sorte d'annonce par « téléphone arabe » ! Sans explication, j'ai envoyé par email la liste alphabétique des noms et des numéros de téléphone de chaque invité. J'ai appelé le premier sur la liste en lui donnant les détails de la réception. Je lui ai alors confié la mission d'appeler le deuxième qui appellerait le troisième et ainsi de suite… Cela a permis à chacun de faire connaissance avant le jour J et de se sentir impliqué dans un petit jeu économique (seulement un appel par personne) et écologique ! » Laure-Anne, 31 ans.

« Mon chéri et moi avons grandi avec les nouvelles technologies. Nous sommes tous les deux nés en 1984 et nous avons donc fait un montage vidéos de tous les événements qui avaient eu lieu cette année-là. Nous avons récupéré les archives sur différents sites : Ina, Dailymotion et Youtube pour les compiler en deux minutes. On a choisi des morceaux de musique de cette période pour l'habillage sonore. À la fin, on s'est filmés en annonçant qu'un quart de siècle était passé et que nous allions nous marier. Nous avons envoyé le lien vers la vidéo par mail et l'avons accompagnée d'un autre vers notre page Facebook sur laquelle on donnait les détails du grand jour. » Lou, 25 ans.

« Pour des invitations uniques et économiques, nous avons récupéré tous les vieux calendriers que l'on a pu trouver pour utiliser seulement comme support leurs illustrations. Et il y en avait pour tous les goûts ! À la grand-tante et les amis des animaux, on a envoyé les photos de chatons, chiots, pour les fans de voyage, des photos de paysages exotiques ; les amateurs d'art ont reçu des reproductions de chefs-d'œuvre… On a pris le temps de rédiger à la main et à l'aide d'une règle de calligraphie tous les textes d'annonce et les détails de la réception ! Notre idée de recyclage a eu beaucoup de succès ! » Laura, 35 ans.

Notes

6. La déco et l'animation

Vert ne doit pas rimer avec austère. Bien au contraire ! Nul besoin donc de miser sur une décoration dépouillée, voire monacale pour être sympa avec la planète et ses convictions.

Que vous ayez choisi de décliner un thème bien précis ou que vous ayez opté pour un style naturel de A à Z, il existe une multitude d'astuces pour rester fidèles à vos principes écolos.

Surtout, ne paniquez pas si la salle de réception que vous avez réservée ne correspond pas du tout à vos critères, quelques aménagements sont toujours négociables avec les propriétaires. Vous pourrez même en profiter pour leur inculquer de nouveaux principes de vie ! Le lieu choisi est vide, les murs sont nus ? Quelle chance ! Vous allez pouvoir transformer d'un coup de baguette magique la citrouille proposée en un magnifique écrin qui vous ressemble.

N'oubliez pas non plus de divertir vos invités sans pour autant leur imposer un stage de macramé ! Un tas d'idées et de conseils écologiques, solidaires, éthiques et surtout festifs à découvrir...

Dites-le avec des fleurs

Romantiques à souhait et filles de Mère Nature, on a du mal à imaginer que les fleurs puissent ne pas être écolo-sympas. Et pourtant ! De leur type de culture à leur transport, en passant par leur mode de conservation, elles peuvent être les plus jolies ennemies de l'environnement. Mais séchez vos larmes, il existe de nombreuses astuces pour décliner le « flower power » le jour de votre mariage.

Home made

On dit souvent que vous avez la main « verte » ? Prouvez-le en cueillant les fleurs de votre mariage, que vous aurez fait pousser dans votre jardin en respectant les règles de la culture bio.

Pour en savoir plus, téléchargez le guide « jardiner sans pesticides » :

→ http://www.mescoursespourlaplanete.com/Ressources/Jardin_23.html

Du bio, du local et du solidaire

Vous ne souhaitez pas vous passer de beaux arrangements floraux ? Désormais il est possible d'acheter des fleurs garanties bio, produites localement ou issues du commerce équitable. Ce serait dommage de ne pas en profiter, non ? Dernier conseil : misez sur les fleurs de saison pour éviter celles cultivées sous des serres et des lumières artificielles et donc énergivores !

Deux en un !

Si votre cérémonie civile ou religieuse précède ou suit celle d'un autre couple, mettez-vous d'accord avec eux pour partager les frais des compositions florales. Ou bien, à l'issue de la célébration, emportez les fleurs qui serviront à décorer le lieu de réception.

Idée futée

Louez auprès de professionnels des plantes en pot qui feront leur *show* le temps d'une journée. Des palmiers, des boules de gui taillées ou des oliviers et orangers pour décorer les allées et apporter une touche nature à la salle des fêtes.

Vous pouvez aussi emprunter à vos invités leurs plantes vertes… que vous n'oublierez pas de rendre une fois les lampions éteints !

On innove

C'est le moment de laisser libre cours à votre imagination…

Des fleurs séchées

Vous redonnez ainsi une seconde vie aux nombreux bouquets que vous avez reçus les mois précédents le jour J. Vous pouvez les transformer en pots-pourris que vous disposerez dans des corbeilles en vannerie. Une manière verte de parfumer l'air.

Des fleurs artificielles

En tissu, papier crépon biodégradable ou recyclé… Organisez un atelier créatif avec vos copines et les enfants d'honneur pour en confectionner quelques kilos.

« Récup »

Récupérez auprès des fleuristes les roses un peu défraîchies qu'ils envisageaient de jeter. Détachez les pétales et dispatchez-les sur les nappes ou laissez-les flotter dans des coupelles d'eau.

D'autres végétaux

On troque les sempiternels arrangements floraux contre des centres de table composés d'autres végétaux (selon la saison) : pyramide de citrons verts et jaunes (qui seront redistribués à des associations caritatives), épis de maïs ou de blés tombés dans les champs et entourés d'un lien en raphia, branches de sapin et pommes de pin récupérées en forêt, feuilles mortes aux couleurs chatoyantes ramassées dans les bois et disposées dans de grands vases translucides...

On gère l'*after*

Surtout, ne jetez pas vos jolis arrangements mais renseignez-vous auprès des maisons de retraite, hôpitaux et... cimetières de la région pour organiser une distribution gracieuse de vos fleurs.

B.A.-BA vert

☒ Les fleurs importées

La grande majorité des fleurs coupées que l'on trouve en France proviennent de pays lointains (Maroc, Kenya, Zimbawe, Amérique du Sud...). En moyenne une fleur parcourt 3 000 km depuis son lieu de production jusqu'à nos portes ! Son transport, qui se fait par avion, camion ou bateau génère une importante émission de gaz à effet de serre et participe donc au réchauffement climatique. À titre de comparaison : l'empreinte écologique d'un seul bouquet de 25 roses équivaut à celle que l'on laisse lorsqu'on fait 20 km seul, en voiture : 20 m². De plus, leur mode de culture laisse quelque peu à désirer : usage abusif de pesticides toxiques, qui nuisent à la santé de la planète mais surtout à celle des ouvriers (selon l'OMS, les pesticides entraînent chaque année le décès de 400 000 agriculteurs dans le monde), conditions de travail et rémunérations déplorables...

On choisit donc davantage des bouquets issus du commerce équitable.

☒ Les fleurs locales

Attention ! Elles ne sont pas forcément plus sympas avec Mère Nature ! Gourmandes en lumière et en chaleur, elles sont souvent cultivées en serre, ce qui exige une grosse dépense d'énergie. Tout comme leur mode de conservation. On leur préfère donc celles qui sont cultivées de manière bio garanties sans biocides (pesticides), sans engrais synthétiques, sans OGM.

Quand la salle se fait belle

À moins d'avoir opté pour un pique-nique en plein air ou une grange ouverte, vos invités passeront la plus claire partie de la réception enfermés dans une salle. Elle sera représentative de vos goûts et de vos convictions écolos. Il ne faut donc pas négliger sa décoration. Mais on oublie les fanfreluches méchantes pour l'environnement comme les cotillons et guirlandes en papier qui termineront à la poubelle. On mise sur des astuces durables, biodégradables et esthétiques !

Du côté des meubles

Si la salle vous les impose, vous n'aurez guère le choix. Mais si vous avez toute liberté de meubler à votre guise... Faites-vous plaisir ! Misez sur l'authenticité des chaises et tables en bois. La durée de vie du bois est supérieure à celle du plastique et sa fabrication n'a pas fait appel aux dérivés du pétrole. Votre réception aura tout de suite plus de cachet. En revanche, boycottez les bois exotiques qui ne répondent pas forcément aux critères écologiques que vous chérissez.

La location

N'achetez rien : louez auprès de professionnels le mobilier de votre choix pour votre réception. Évidemment, vous privilégierez les sociétés qui se trouvent non loin de votre lieu de fête. On évite ainsi les émissions de CO_2, liées aux longues heures de trajet pour la livraison.

Système D

Vous avez un petit budget et votre salle est désespérément vide ? Empruntez à vos voisins, amis et proches des tables, chaises, planches et tréteaux. Qu'importe si l'harmonie n'est pas au rendez-vous ! Vous assumez votre côté « roots » ou vous recouvrez le tout de nappes et de housses de chaises.

Cache-misère

Pas de chance, la salle ne propose que des chaises en plastique ? Une housse en coton bio pour camoufler le désastre écologique ou un gros ruban en satin autour du dossier pour une touche plus perso !

S.O.S. salle nue et moche !

Eh non ! Toutes n'offrent pas de magnifiques tentures ou des lambris très nature. On hérite parfois d'une salle vide, sans âme et il faut faire avec. Alors on fait ce qu'on peut mais avec ingéniosité...

Un peu de bricolage

On fixe sur les murs des rideaux (les siens, empruntés, loués ou des mètres de tissus achetés pour l'occasion mais que l'on saura recycler ensuite) colorés, dans des tons minéraux, en toile de jute. Cela réchauffera l'atmosphère en un clin d'œil.

Bouquets de ballons

On évite le côté *kitch* et *cheap* du multicolore en choisissant une seule teinte. Après les avoir gonflés, on leur attache un long lien de raphia, on les rassemble en grappe et on leste l'ensemble d'une pierre, que l'on glisse le tout dans un grand vase. On dispose plusieurs bouquets gonflables à travers toute la salle ou contre un seul mur. Est-il nécessaire de rappeler qu'on évite les ballons traditionnels et polluants en PVC ou en nylon et qu'on opte pour des ballons biodégradables ?

Murs de lumière

Il vous reste des guirlandes électriques de Noël ? N'en rachetez pas d'autres et accrochez-les sur les murs, autour de l'encadrement des portes. Mieux encore : misez sur des guirlandes écologiques qui auront rechargé leurs batteries pendant la journée grâce à la lumière du soleil.

Galerie de portraits

Accrochez ou déposez aux pieds des murs des tableaux de famille ou des tableaux d'artistes locaux qui auront accepté de vous les prêter pour se faire un peu de publicité. Placez sur des guéridons ou sur les tables des cadres avec des photos de vous, les jeunes mariés ! Vos invités sauront apprécier ce petit clin d'œil.

Vous pouvez aussi emprunter à votre famille et à vos amis leurs clichés de mariage que vous exposerez.

Et la lumière fut !

Tous les pros de la déco vous le diront : l'éclairage reste le secret n°1 d'une atmosphère agréable et conviviale. Mais attention, mal choisi, il peut rapidement devenir nocif pour la planète et votre portefeuille.

Naturel

Et si on organisait une réception plus tôt dans la journée ou en extérieur : un brunch, un pique-nique, un barbecue ? On profiterait davantage de la lumière du jour et ferait de grosses économies d'énergie !

Un nouveau réflexe

On troque les ampoules à incandescence pour des ampoules fluocompactes ou Led. Les traditionnelles perdent 95 % de l'énergie qu'elles consomment en chaleur pour seulement 5 % de production lumineuse. Les secondes sont moins méchantes pour la planète : elles consomment cinq fois moins d'électricité et durent beaucoup plus longtemps (de cinq à dix fois plus qu'une ampoule classique). Mais attention, il ne faudra pas oublier de les recycler : elles contiennent du mercure.

Des bougies et encore des bougies

Ambiance tamisée et romantique garantie ! Des candélabres fixés aux murs, des chandeliers en guise de centre de table, des lanternes déposées par terre, des petites bougies « chauffe-plat » disposées sur des assiettes miroir pour refléter davantage la lumière, des flambeaux dans le jardin... On oublie les bougies à base de paraffine (issue des résidus du raffinage du pétrole) qui produisent des poussières fines, des particules de suie et libèrent du monoxyde de carbone et sont donc mauvaises pour notre santé et l'environnement. On leur préfère des bougies plus naturelles comme celles à base de cire d'abeille ou végétale comme l'huile de soja ou de palme.

On recycle !

On s'amuse à détourner des objets de leur usage habituel :

- ♥ Des plats à tartes sur pied se transforment en porte bougies.
- ♥ Vos cadres de photos accueillent le menu ou le plan de table.
- ♥ Les coussins multicolores de votre salon se métamorphosent un petit coin douillet pour les enfants.
- ♥ Les rideaux de votre grand-mère habillent avec classe la table du buffet.
- ♥ Les boules et guirlandes de Noël remontent de la cave pour se retrouver dans des vases transparents : des centres de tables originaux et économiques !
- ♥ Vos épingles à linge accueillent sur une corde les chapeaux de ces dames.
- ♥ Des canettes de soda (leur emballage est recyclable à 100 %) se montent en pyramide pour un jeu de massacre qu'adoreront les enfants.

La décoration de la table

N'oubliez pas que la table va se remplir au fur et à mesure du repas. Il ne s'agit donc pas de la surcharger dès le départ avec des petites babioles qui, non seulement vont briser l'harmonie de votre décoration, mais termineront généralement leur vie au fond d'une poubelle. On fait donc la chasse au gaspillage.

Halte-là !

On oublie les cotillons (langue de belle-mère, serpentins et autres sarbacanes) généralement déposés sur chaque assiette. Non seulement ils donnent un petit côté « Fête à Neu-Neu » qui n'est pas des plus chics mais ils génèrent beaucoup de détritus rarement biodégradables.

Le menu

Tant pis pour la tradition, qui préconise un menu-papier par invité ! Vous en connaissez beaucoup des personnes qui les conservent comme souvenirs ? On épargne donc les arbres en ne proposant que deux menus (en papier recyclé !) par table. C'est nettement suffisant. Les plus verts d'entre vous opteront pour des solutions plus originales.

Ambiance bistrot

Une ardoise par table avec le menu inscrit à la craie.

Un aboyeur

On demande au maître de cérémonie ou à un serveur de clamer haut et fort les plats au fur et à mesure du service.

Le silence est d'or

On ménage l'effet de surprise et on n'indique aucun menu.

Les marque-places

Difficile de s'en passer si l'on a décidé d'organiser un dîner assis et placé... Mais on dit au revoir à leur version papier. Il existe d'autres possibilités.

Version minérale

Sur des galets polis, on inscrit à la craie le nom de chaque convive. On peut décliner cette idée sur une mini-ardoise.

Sur l'assiette

Grâce à un feutre alimentaire, on écrit sur l'assiette de présentation le patronyme des invités.

Deux en un

Le nom confectionné en chocolat repose sur l'assiette ; une ardoise de jardinier nominative plantée dans un pot d'herbe aromatique ; un rond de serviette en bois gravé aux initiales du convive ; un bracelet brésilien nominal entoure la serviette ; une belle feuille verte lavée et séchée sur laquelle on inscrit le nom...

Idées futées

Et si on accrochait le marque-place en papier biodégradable à l'aide d'une pince à linge en bois ou s'il était coincé entre deux jolis aimants que les invités pourront garder ?

Il faut aussi y penser !

Tabac

À moins d'avoir décrété une fête « No smoking », il faudra penser à vos invités fumeurs. Rappelez-leur qu'une cigarette jetée dans la nature mettra douze ans pour disparaître et encouragez-les à écraser leur mégot dans un seau rempli de sable. Ce sera nettement plus esthétique et écolo que les habituels cendriers en aluminium que l'on trouve généralement lors d'une fête.

Au petit coin

Un endroit qu'il ne faudra pas négliger puisqu'il accueillera plusieurs allers-retours de vos invités. On soigne donc le look des « woua-woua » !

♥ On boycotte les essuie-mains en papier et on met à disposition des serviettes en coton bio roulées dans de petits paniers ou sur un support en bois.

♥ Si les toilettes ne disposent pas d'une minuterie, on dépose quelques bougies en cire végétale. L'éclairage sera plus joli et vos convives ne déprimeront pas en découvrant leur visage fatigué dans le miroir.

♥ On propose du papier toilette en fibres biodégradables ou recyclées. On privilégie les feuilles individuelles au rouleau. On aurait tendance à en utiliser moins.

Party Time !

Après l'échange des consentements et les mondanités de rigueur, il est temps de passer aux choses sérieuses : la fête ! Entre la programmation musicale, la piste de danse et les animations pour les petits et les grands, vous apprendrez que l'amusement peut aussi se parer d'une jolie teinte verte.

Quand la musique est bonne...

Pour les oreilles et la planète ! Rassurez-vous, nous n'allons pas vous imposer uniquement le chant des cigales pour animer de manière écolo votre mariage. Même si le but est de diminuer la consommation d'électricité...

♥ Un orchestre live et acoustique : une solution à la fois chic, écolo et tendance ! Faites appel à un groupe que vous connaissez ou issu d'une association caritative. Bien évidemment, demandez à assister à l'une de leurs démonstrations avant de les engager.

♥ Un D.J. : oui mais...Si vous préférez la cadence de tubes incontournables qui s'enchaînent sur une platine, privilégiez un disc-jockey qui habite non loin de votre lieu de réception (on réduit les émissions de CO_2) et qui utilise un minimum de matériel (pas de gros spots énergivores, pas de machine qui envoie de la fumée, une table de mixage simple, une sonorisation de retour avec modération des sons...).

♥ On lutte contre la pollution sonore : On respecte la loi de décembre 1998 en veillant à ne pas dépasser la limite des 105 décibels autorisés avec l'aide d'un régulateur de décibels.

♥ Un pianiste ou une petite formation animeront votre cocktail avec élégance et sans faire appel à la fée électricité.

 Préparez vous-même les compilations de musiques de votre choix et passez-vous des services d'un D.J. et son émission de CO2 ! Attention à veiller au bon enchaînement des différents titres. On zappe les CD et on télécharge légalement les tubes que l'on adore et que l'on aura enregistrés sur une clé USB ou sur son lecteur MP3.

Le *dance floor*

Les Hollandais ont tout compris avant l'heure ! Ils ont imaginé une piste de danse complètement écologique qui crée de l'électricité grâce à l'énergie des danseurs ! Le *Substainable Dance Club* (SDC) est la première boîte de nuit 100 % verte. En attendant que le concept se développe en France, on fait quelques gestes pour la nature.

- On ne danse pas directement sur le gazon. Nos petits pas de deux risquent de l'endommager.

- Si l'on a choisi d'organiser sa fête en forêt, dans une grange non aménagée, dans un parc, on installe une piste de danse amovible qui sera démontée dès le lendemain. On protège ainsi le sol naturel.

- Il est possible d'interdire à ses invitées le port de talons aiguilles. Vos copines *fashionistas* ne vont pas vous adorer mais les belles lattes en bois de la salle des fêtes vous diront merci !

Animations pour les grands et les petits

Nul besoin d'inviter Nicolas Hulot à tenir une conférence sur le réchauffement climatique pour divertir vos invités ! Inventaire des bonnes et mauvaises idées.

On dit « oui »

- aux discours ! Authentiques, émouvants et fédérateurs si les orateurs sont bons ;

- aux ateliers créatifs pour les enfants : jardinage dans le potager, peinture sur verre, apprentissage d'une chanson pour les futurs mariés ;

♥ aux jeux de pistes dans la nature pour dénicher des petits cadeaux : pour les adultes et les enfants ;

♥ aux improvisations de comédiens pendant la réception : ils n'ont pas besoin de matériel à part leur talent et on rend service à des personnes qui courent souvent après le cachet ;

♥ aux lancers de confettis biodégradables. On évite ainsi les milliers de petits morceaux de papiers chimiquement colorés et dispersés pour longtemps dans la nature.

On dit « non »

♥ aux projections de montages photos PowerPoint ! Non seulement cela a été vu et revu mais en plus la mise en place nécessite beaucoup de matériel gourmand en énergie ;

♥ aux lâchers de papillons vivants. Malheureusement, de nombreux couples trouvent encore cette idée très romantique. Il faut savoir que ce concept est mauvais pour l'écosystème et peut perturber la migration des papillons sauvages. De nombreuses larves sont importées de l'étranger et peuvent propager des parasites ou mourir avant le jour J suite aux conditions de transport déplorables ;

♥ aux feux d'artifices. Aussi spectaculaires soient-ils, ils s'avèrent de méchants pollueurs. Rares sont les sociétés qui s'occupent du délicat traitement de leurs déchets (composés d'explosifs !). Ces derniers finissent généralement leur course lumineuse dans la nature et autant dire que les éléments qui entrent dans leur composition ne sont pas des plus écologiques : souffre, baryum, chlore, sulfure...

« Souriez ! »

Impossible de ne pas immortaliser votre grand jour avec de jolis clichés. Pensez à vos futurs petits-enfants qui adoreront se moquer de votre coiffure devenue ringarde dans quarante ans mais qui craqueront sur votre style de robe indémodable ! Vous l'avez compris, les photos seront les témoins de votre journée magique et vous ne pouvez pas vous en passer. Quelques astuces pour qu'elles se développent le plus durablement possible sans faire tâche dans la nature.

Le numérique a tout bon pour trois raisons

Que vous ayez choisi d'embaucher un professionnel (vivement recommandé pour éviter les mauvaises surprises) ou que vous ayez mandaté un proche pour vous photographier, imposez-leur de travailler au numérique.

- ♥ Raison économique : nul besoin de payer les pellicules ni le tirage papier de chaque photo pour les sélectionner ensuite.

- ♥ Raison écologique : des pellicules à son mode de fonctionnement (notamment les ions argent Ag + et bromure Br – qui sont des métaux lourds et toxiques) en passant par son développement (qui utilise de nombreux produits chimiques et polluants) la photo argentique est beaucoup plus nocive pour l'environnement.

- ♥ Raison esthétique : le numérique permet de supprimer au fur et à mesure et ni vu ni connu les photos sur lesquelles vous avez les yeux rouges, faites une grimace d'énervement ou semblez boudinée dans votre robe !

On accorde la mention *Très bien* à ceux qui utiliseront uniquement des piles rechargeables !

On dit non

Pendant longtemps, les mariés distribuaient des appareils jetables à leurs invités le jour J. Ceux-ci pouvaient alors se prendre pour des photoreporters en herbe le temps d'une journée. Stop ! Ils sont catastrophiques pour la planète : emballage non recyclable, développement à base de produits toxiques...

On dit oui

À la location d'un appareil photo numérique de pro. Moins cher qu'acheter un appareil neuf et d'une utilisation plus durable (ce matériel passe de main en main pendant très longtemps).

On *briefe* son photographe

Afin d'éviter les 250 mêmes clichés de vous et votre chéri devant la pièce montée (bonjour le gâchis de pellicules et de papier si vous n'avez pas opté pour le numérique !), précisez-lui les images et moments que vous souhaitez absolument conserver de cette journée et limitez-les. On oublie ainsi les gros plans sur la petite amie du collègue de votre beau-père que vous n'aviez jamais rencontrée et que vous ne reverrez jamais, ou encore le pas à pas en 28 déclics de votre montée dans la voiture...

Un partage d'images intelligent

Afin de sélectionner les photos qui bénéficieront d'un tirage papier, plusieurs solutions écolos sont envisageables.

♥ Demandez à votre photographe attitré de créer un album virtuel sur le Net pour les consulter à l'aide d'un code confidentiel. Il ne peut pas ? Suggérez-lui d'enregistrer les photos numérisées sur une clé USB qu'il vous confiera. Évitez de les graver sur des CD et des DVD et téléchargez-les sur votre ordinateur.

♥ Vous mettrez vos photos en ligne sur le blog de votre mariage afin que vos invités puissent les voir et éventuellement les imprimer.

♥ Demandez à vos convives d'en faire de même avec leurs clichés numériques. Ils pourront créer un lien vers leur album virtuel ou les partager via un réseau on-line, comme Facebook par exemple.

Mémento pratique

Les règles d'or d'une bonne ambiance

1. Ne lésinez pas sur le budget animation musicale. Un mauvais DJ ou un orchestre trop amateur peuvent vite plomber la soirée.

2. Faites toujours signer un contrat détaillé (horaires de présence, tarifs, conditions de travail) aux prestataires que vous avez choisis afin de vous protéger contre les mauvaises surprises.

3. Il en faut pour tous les goûts ! Prévoyez des styles musicaux qui correspondent à toutes les générations présentes : de la valse au jazz, en passant par les vieux rocks et les hits du moment.

4. Dites non aux animateurs qui aiment prendre le micro. Leurs blagues peuvent être lourdes et donner un côté « cheap » à votre réception.

5. Traditionnellement c'est la mariée qui ouvre le bal au bras de son père avant de s'accrocher au cou de son mari tout neuf. Le tout sur une valse. Vous aurez pris soin de répéter quelques pas avant le grand jour.

6. Dès le repas, vous pouvez commencer à danser en proposant des interludes musicaux entre chaque plat. Le ton de la soirée est donné !

7. Demandez à vos proches qui envisagent de faire un discours de ne pas faire trop long. Quatre à cinq minutes de blabla par personne suffisent amplement.

8. Misez sur des animations participatives : une initiation groupée à quelques pas de danse brésilienne, un cours express de Madison dispensé par vos grands-mères, une chanson à entonner tous ensemble.

Nos adresses coup de cœur

FLEURS

AMAP

Certaines antennes de l'Association pour le maintien d'une agriculture paysanne se sont lancées dans la production et distribution de fleurs cultivées sans pesticides et sans engrais chimiques de synthèse.

http://alliancepec.free.fr/Webamap

Approfusion

Ce site commercialise uniquement des fleurs cultivées dans le Var. Très, très grand choix de variétés.

www.approfleurs.com

Bebloom

La fleuriste travaille avec une roseraie située au pied du Kilimandjaro et certifiée Max Havelaar. Un label qui garantit une économie transparente et un commerce équitable.

www.bebloom.com

Max Havelaar

Pour connaître les fleuristes et les enseignes qui travaillent avec des fleurs issues du commerce équitable.

www.maxhavelaarfrance.org

Saint-Thibault Fleurs location

Location de plantes, réalisation de coupes et de compositions florales. Vous pouvez même emprunter pour la journée des corbeilles de fruits !

Sente de Saint Germain

28380 Saint-Rémy-sur-Avre

Tél. : 02 37 48 98 98

www.saint-thibault-fleurs.com

Chapeau de Paille

Cueillez directement vos fleurs dans une ferme qui travaille au développement et à l'application des techniques culturales respectueuses de la terre. On y fonce ! Pour trouver la ferme la plus proche de chez vous : www.chapeaudepaille.fr

Aux fleurs et à mesure

Céline crée des compositions florales et végétales intemporelles et plus vraies que nature. Tissus, bois, zinc, enveloppe en verre, minéraux, perles… Tout est bon pour imaginer des bouquets, des centres de table absolument extraordinaires. Un vrai coup de cœur ! Située dans le Nord, il est préférable de contacter la boutique pour connaître les modalités de livraison dans d'autres régions.

Tél. : 03 20 71 00 28

http://auxfleursetamesure.free.fr

Concept floral

Cactus, palmiers, oliviers, arbres fruitiers, murs de lierre… Vous pouvez louer pour votre événement les plantes de votre choix.

www.concept-floral.fr

Ethiflora

Une sélection de roses venues d'Équateur et issues du commerce équitable. Parmi les nombreuses variétés, vous trouverez forcément celles qui éblouiront votre grand jour. Pour connaître les distributeurs et en savoir plus : www.ethiflora.fr

L'atelier du chocolat

Épatez vos convives en déposant sur les tables des bouquets en chocolats dans lesquels ils puiseront allègrement tout au long de la réception. D'autres nombreuses compositions en cacao proviennent du commerce équitable.

À commander sur le Net :

www.atelierduchocolat.fr

FAITS MAISON

Rougier et Plé, Créa et Graphigro

L'adresse incontournable des artistes en herbe ou confirmés.

Plusieurs boutiques en France : à Paris, Lyon, Marseille, Strasbourg et Toulouse.

Tél. : 0 825 160 560

www.crea.tm.fr

Loisirs et Création

Vous y trouverez tout le matériel pour que l'artiste qui sommeille en vous puisse s'exprimer mais vous pouvez également profiter gratuitement des nombreuses démonstrations ou des ateliers créatifs.

Tél. : 01 53 33 27 50

www.loisirsetcreation.com

La droguerie

Ali Baba ouvre ses cavernes aux quatre coins de la France (10 pour l'instant). À vous les bocaux par milliers qui abritent perles, rubans, sequins et plumes. Entre autres !

Tél. : 01 45 08 93 27

www.ladroguerie.com

Déco Fleurs

Vous avez décidé de confectionner vous-même vos bouquets avec des fleurs de votre jardin. Ce site vous donne tous les conseils pour réaliser de belles compositions.

www.deco-fleurs.com

Esprit cabane

Un site qui donne un tas d'idées en ligne pour réaliser des objets de déco avec ses petites mains « vertes ».

www.espritcabane.com

OBJETS DE DÉCO

Confetti Direct

Vous sortirez du lieu de cérémonie en beauté avec ces confettis naturels et biodégradables en forme de pétales de rose ou de feuilles. À jeter en pluie sur les mariés. Vous pourrez aussi en parsemer sur les tables de réception. Très chic. À savoir : le site est en anglais.

www.confettidirect.co.uk

Déco Durable

Un carré design de verdure à poser en centre de table, un tableau végétal ou des stickers bio pour habiller les murs, des mini-ardoises naturelles à suspendre en guise de plan de table... Vous trouverez un tas d'idées naturelles et éthiques pour décorer votre salle.

www.decodurable.com

Bleu Nature

Pour des objets de déco qui utilisent une matière première qui n'épuise pas les ressources naturelles de la terre : des bougeoirs à base de galets ou des miroirs encadrés en bois flotté.

www.bleunature.com

Nature et découvertes

Cette enseigne que l'on ne présente plus offre un catalogue d'objets sympas avec la planète et jolis pour les yeux : lampions, luminaires, guirlandes qui fonctionnent grâce à l'énergie solaire.

www.natureetdecouvertes.com

La lampe Balloon

On craque pour cette création d'un designer japonais qui transforme des ballons baudruche en luminaires écolos grâce à une diode luminescente (Led). Sa grande autonomie permettra d'illuminer votre soirée de manière design et longtemps. Pour l'intérieur et l'extérieur.

Distribuée par la Tête au Cube :

www.lateteaucube.com

Escarboucle

Ballons biodégradables, cendriers recyclables, gobelets et vaisselle compostables... On ne sait plus où donner de la tête !

www.escarboucle.com

Naturellement déco

Mention spéciale aux stickers écologiques sur un support végétal 100% ecodesign. Ils habilleront avec humour et un clin d'œil vert les murs de votre salle de réception. On ajoutera dans son panier : des bougies à base d'huile de palme, des broches aimantées en guise de marque-place, et des albums photos naturels et issus du commerce équitable.

www.naturellement-deco.com

Candelis

Pour acheter de la cire végétale afin de fabriquer soi-même ses bougies. La marque garantit la traçabilité de ses produits. On salue l'initiative !

www.candelis.fr

Eco-Sapiens

Le guide d'achat éthique propose, en plus de ses conseils, une boutique en ligne : bougies, parfums d'ambiance, encens, guirlandes solaires...

www.eco-sapiens.com

Christian fabrication

On y déniche d'étonnants confettis en papier de soie, qui ne déteignent pas et qui sont biodégradables ! Il fallait y penser !

www.christianfabrications.com

Magasins distributeurs de produits bio et éthiques

www.biocoop.fr

www.lavieclaire.com

www.naturalia.fr

www.nouveauxrobinson.fr

www.satoriz.fr

ANIMATIONS

Baossimo

Un site qui fonctionne selon le bon vieux principe du bouche à oreille. On y déniche des bons plans, des évaluations, des animateurs, des adresses de conservatoires, chorales, groupes de musique. Un portail à découvrir. Faites passer !

www.baossimo.com

The Substainable Dance Club

Si vous souhaitez vous renseigner sur cette fameuse piste de danse écolo qui produit son électricité grâce à l'énergie des danseurs.

www.sustainabledanceclub.com

Magic Evénement

Avec ses quinze ans d'expérience dans le domaine de l'événementiel, ce spécialiste se met à votre service pour trouver le DJ, groupe ou animateur qui correspond le mieux à vos envies et vos aspirations.

www.magic-evenement.com

Compagnie Kori

Sylvie Mambo va fasciner vos convives (grands et petits) avec ses contes venus d'Afrique et d'ailleurs. Accompagnée de musiciens jouant du djembé, sanza, balafon et d'autres instruments traditionnels, elle enrichira vos neurones et vos oreilles. On s'ouvre au monde.

Tél. : 01 48 37 89 16

http://tchekchouka.free.fr/

La compagnie du Théâtre de marionnettes itinérantes

Des spectacles qui associent le conte musical et le jeu de marionnettes. Tellement mieux qu'un cartoon pour occuper les enfants !

http://cie.tmi.free.fr

Ligue d'Improvisation de Paris

Une troupe de comédiens qui se met à votre service pour étonner vos invités : en renversant les plats ou en embrassant fougueusement la mariée ! Certains, déguisés en serveurs, iront jusqu'à pousser la chansonnette.

Tél. : 01 40 09 06 96

Portail vers d'autres sites d'improvisation partout en France :

www.improparis.com

AM Spectacles

Tout, tout, on vous proposera tout pour animer votre soirée : orchestres classiques, contorsionnistes, mimes, ventriloques, danseuses de cabaret… Le siège de la société se trouve dans l'Oise. Les contacter pour connaître leurs conditions de prestations en dehors de leur région.

Tél. : 03 44 57 29 74

http://www.amspectacles.fr/

Le Jeu des mariés

Plus de 200 personnes peuvent participer à ce jeu de société ! Chaque case correspond à une étape de votre histoire d'amour et chaque convive ou équipe devra raconter une anecdote ou réaliser un gage. Le plateau peut être personnalisé avec vos photos, prénoms et les questions de votre choix. Très convivial.

Tél. : 06 87 11 70 15

www.lejeudesmaries.com

Sites de téléchargements légaux de musique

www.fnacmusic.com

www.ecompil.fr

www.virginmega.fr

PHOTOS ET VIDÉOS

People Box Wedding

Votre grand jour est couvert par un reportage photo numérique. Les clichés numérisés peuvent être consultés tout au long de la journée sur une borne interactive. Il suffit de sélectionner les clichés de son choix pour les imprimer instantanément.

http://www.peoplebox.fr

Wistiti

Un service gratuit qui permet de mettre en ligne vos photos et de réaliser un album virtuel. Vous pourrez ensuite le personnaliser selon vos goûts. Vos invités pourront alors commander leurs clichés préférés et acheter leur tirage papier.

www.wistiti.fr

Aymeric Warmé-Janville

Photographe professionnel depuis dix ans, notamment pour la presse, Aymeric réalise plus qu'un reportage : il raconte une histoire… La vôtre. En noir et blanc ou en couleur, aucun moment de votre journée exceptionnelle ne lui échappe. Ses clichés numérisés sont consultables sur son site via un code. À vous et à vos proches de faire votre choix et de commander vos tirages.

Tél. : 06 82 23 00 64

http://awj.free.fr

Vidéoson

Pour louer du matériel de grande qualité : appareil photo, caméscope, éclairage, rétroprojecteur…

www.videoson.fr

La vidéo-livre d'or

Une mini caméra numérique nichée dans ce livre magique permet à vos invités de filmer leur message de félicitations. Le tout sera ensuite monté sur un DVD que vous chérirez longtemps.

www.video-livredor.com

« Vincent et moi souhaitions avoir beaucoup d'enfant autour de nous, le jour J. Après tout, ne représentent-ils pas l'avenir de notre planète ? Au lieu de les installer devant des DVD de dessins animés, comme c'est souvent le cas, nous avons préféré les faire participer pleinement à notre journée. Deux baby-sitters extraordinaires ont animé des ateliers verts et créatifs. Le premier consacré à la fabrication d'assiettes en papier mâché (avec des vieux journaux) qui ont servi lors du brunch du lendemain, le deuxième à la transformation de pots de confiture en photophores qui ont été déposés sur les tables et le dernier à la customisation de tongs (issus du commerce équitable) qu'ils ont ensuite gardés. On a fait d'une pierre plusieurs coups : tout en les divertissant, ils ont mis la main à la pâte pour créer notre déco de mariage et ils sont repartis avec un petit cadeau éthique ». Émilie, 31 ans.

« C'est sur une péniche que nous avons organisé notre fête. Le hic ? Elle était vide et il fallait la meubler. Nous avons donc loué l'essentiel : tables, chaises… Mais pour faire quelques économies, nous avons décidé d'aménager avec nos propres moyens un coin salon et un espace pour les enfants. On a donc récupéré à droite et à gauche des gros coussins qu'on a superposés pour créer des fauteuils confortables et en faisant la fin des marchés, on a réussi à récupérer de nombreux cageots qu'on a repeints pour les transformer en tables basses. On a même installé un hamac et des matelas de gym pour que les enfants puissent se reposer. » Anne-Sophie, 32 ans.

« Le thème de notre mariage était "Planète Amour". Pour éviter le côté figé des clichés traditionnels de mariage et pour rappeler notre attachement à la protection de l'environnement, nous avons mis en place un "photo-call", une sorte de studio extérieur par lequel devaient passer tous nos invités. Le photographe leur proposait plusieurs accessoires pour poser : une mappemonde, une bûche, un arrosoir, un panier de légumes bio, une peluche d'un animal protégé… Ils ont tous joué le jeu et on a pu faire un très bel album écolosympathique ! » Louise, 32 ans.

Notes

7. Les invités

À moins de vouloir organiser le mariage le plus écolo de l'histoire en ne conviant à la cérémonie que votre promis, vos témoins et l'officiant, vous envisagez forcément de recevoir vos proches ! Que serait une réception sans invités ? Bien sûr, on aurait envie d'accueillir la terre entière à son grand événement. Après tout, ne dit-on pas : « plus on est de fous, plus on rit » ? Mais attention, rassembler l'équivalent du Stade de France à sa réception, cela représente un coût ! Pour vos finances mais aussi pour l'environnement. Et si tous vos invités ne partagent pas forcément vos convictions, donnez-leur, mine de rien, un petit coup de pouce « vert ». Encouragez-les à choisir les meilleurs modes de transports et d'hébergements afin de réduire leur empreinte écologique le jour J. Pour les féliciter de leurs efforts et les remercier de leur venue, pensez à un petit cadeau utile, durable et sympa pour la planète ! Découvrez toutes nos astuces « écolochics » pour chouchouter vos convives et Mère Nature.

La liste des V.I.P

Moment clé des préparatifs : la liste des invités qui auront l'honneur de participer au grand jour ! Mais le but du jeu étant de limiter l'empreinte écologique de votre mariage, il va falloir en envisager une assez courte. Sans forcément faire passer aux prétendants un casting impitoyable digne de la Nouvelle Star, on sélectionne minutieusement ses hôtes.

Un travail commun

Chacun de votre côté, établissez une liste : listes A + B. Proposez éventuellement à vos parents respectifs de dresser la liste des personnes qu'ils souhaitent inviter : listes C + D.

Comparez les listes A + B et retirez les doublons (les amis ou collègues en commun).

Demandez à vos parents leur liste. Et faites le calcul !

Liste A + Liste B + Liste C + Liste D = combien de personnes ? Commencez le jeu des éliminations !

Les incontournables

Les grands-parents, parents, frères, sœurs et leurs conjoints. Vos témoins et vos amis très proches et leurs conjoints.

Les obligatoires

Les personnes qui vous ont conviés à leur mariage. À condition d'être restés en contact avec elles les douze derniers mois.

Les négociables

Oncles, tantes, cousins et leurs conjoints si vous n'êtes pas très proches d'eux !

Les récupérables

Les connaissances, les voisins et les collègues ne seront pas conviés au jour J mais vous penserez à organiser un petit pot au bureau, dans la cour de votre immeuble.

Le vin d'honneur ou le cocktail, qui précède la réception, reste également une solution pour les accueillir si vous en avez prévu un. Pour les amis de vos jeunes frères et sœurs, vous pouvez les inviter seulement à la soirée dansante.

On dit non

On n'invite pas les personnes dont on n'a pas de nouvelles depuis plus d'un an, l'ex de votre futur époux, la vieille tante acariâtre qui critique toujours tout, le nouveau petit ami de votre cousine qui n'est dans son PA (Paysage Affectif) que depuis trois mois... On pourra facilement se passer de leur émission de CO_2 !

Kids or no kids ?

C'est vous qui décidez si vous pouvez ou non vous passer de leurs petits rires cristallins ou de leurs pleurs sonores au moment de l'échange des consentements ! Si vous préférez une fête uniquement réservée aux grands, signalez-le clairement aux parents.

Il fallait y penser !

Certains de vos proches vivent aux antipodes et ne peuvent pas se déplacer pour le jour J ? Ne les oubliez pas et connectez-vous régulièrement via une webcam et faites les participer virtuellement aux grands moments de votre mariage.

Comme chacun sait, le moindre de nos déplacements a un impact direct sur les écosystèmes et la planète. Et à moins de n'inviter que des personnes de la commune, il y a fort à parier que de nombreuses migrations de convives sont à prévoir. Heureusement, on peut limiter les dégâts.

Vive le covoiturage !

Encouragez vos invités à faire le trajet à plusieurs et dans un même véhicule. Tout le monde sera gagnant : moins d'émission de CO_2, partage des frais (essence, péages..) et l'occasion de faire connaissance pendant le voyage. Sur votre blog de mariage, mettez en place un listing des personnes prêtes à partager leur voiture. Aux invités de se mettre ensuite en relation entre eux.

Localisation stratégique

Pour limiter le nombre de déplacements le jour J, essayez au maximum de sélectionner des lieux rapprochés les uns des autres : mairie, lieu de culte, salle de réception, hébergement.

Véhicules propres

Nombreuses sont les agences de location qui proposent des véhicules « verts » à moteurs hybrides (électrique et essence). Ils rejettent ainsi jusqu'à 40 % de CO_2 en moins. Ajoutez sur votre blog ou votre carton d'invitation la liste de ces sociétés.

Tous ensemble, tous ensemble !

Pensez à louer un car qui pourra transporter vos invités d'un point A à un point B. Ainsi rassemblés dans un même véhicule, ils réduiront leur empreinte écologique et la fête pourra commencer avant l'heure. Une solution idéale aussi pour ne pas prendre le volant après quelques coupes de champagne !

Si votre budget est serré, vous pouvez prévoir de leur demander une petite participation financière.

Vive la ville de Troyes !

Mention spéciale à cette commune qui propose un service inédit : le « Bus Mariage ». Décoré, sonorisé, standard ou articulé et avec conducteur, ce bus pas comme les autres transporte vos invités du lieu de la cérémonie à la salle de réception, dans un rayon de 30 km. Renseignez-vous auprès de votre mairie pour savoir si une telle idée y est également déclinée.

Insolites

Mettez à la disposition de vos invités des moyens de locomotion originaux et verts pour faciliter leurs déplacements : bicyclettes, calèches, pousse-pousse ou les très novateurs gyropodes (voir carnet d'adresses)...

B.A.-BA vert

☒ Le trafic routier est le premier émetteur de CO_2 en France (130 millions de tonnes de CO_2). Le calcul est donc simple : moins de voitures sur la route = moins de gaz à effet de serre qui sont à l'origine des changements climatiques. Vive le covoiturage ou les transports en commun.

☒ Bilan de CO_2 par personne pour un trajet simple de 500 km

En avion (liaison régionale) : 32,9 kg de CO_2

En voiture moyenne : 23,35 kg de CO_2

En avion (court courrier) : 19,85 kg de CO_2

En avion (navette) : 19,7 kg de CO_2

En moto moyenne : 19,1 kg de CO_2

En autocar : 8,65 kg de CO_2

En train grande ligne : 4 kg de CO_2

En TGV : 3,5 kg de CO_2

Sources : Écocomparateur de l'ADEME (Agence de l'environnement et de la maîtrise de l'énergie

À savoir

Il est possible de calculer les émissions de CO_2 de son mariage et de les compenser.

→ www.actioncarbone.org

Hébergements

Pensez à la fatigue de vos convives qui viennent de loin et qui ne pourront pas reprendre la route juste après la petite fiesta. Indiquez-leur des adresses où ils pourront faire de doux rêves verts...

Sur place

C'est la solution idéale ! Si vous avez choisi d'avoir votre réception dans un hôtel, prenez soin de réserver toutes les chambres afin que vos convives n'aient pas trop de trajet à faire pour se coucher. Généralement, il est possible de négocier des tarifs attractifs pour une privatisation totale de l'établissement.

Comme à la maison !

Ou presque... Fournissez à vos convives une liste des chambres d'hôtes ou des gîtes ruraux de la région. Cette option permet de participer à l'économie locale et de découvrir l'art de vivre régional.

Établissements touristiques « verts »

Il existe de nombreux lieux qui peuvent se prévaloir de l'écolabel européen. Ce dernier garantit que l'hôtel ou le camping respecte l'environnement en utilisant des énergies renouvelables, un usage économe de l'eau, la réduction des déchets...

Vos invités apprécieront le confort naturellement meilleur !

Lieux insolites et « verts »

Initiez vos convives aux joies des hébergements éthiques et écologiques. Selon les goûts de chacun, ils pourront passer la nuit dans une cabane perchée, un hamac suspendu entre deux arbres ou dans une yourte...

Les petits cadeaux

Aux oubliettes les briquets en plastique gravés aux initiales des mariés, les petits gadgets qui ne servent à rien et les sempiternelles dragées ! Vos invités méritent mieux que cela, non ? Misez sur des petits présents originaux et respectueux de notre chère planète.

Tistou les pouces « verts »

Offrez des petits bambous, des graines de fleurs sauvages, des plantes aromatiques, des pots d'herbe à chats, des plantes séchées pour des tisanes... Un petit morceau de nature qui poussera comme votre amour !

Quelque chose qui se garde

Pensez à un souvenir de votre mariage que vos invités conserveront longtemps : une caricature, un dessin, une aquarelle du jour J, un magnet à votre effigie qui trouvera sa place sur la porte de leur frigo, un joli sac de courses réutilisable, un calendrier 100 % recyclé...

Des denrées bio ou issues du commerce équitable

Des chocolats, des friandises, du café ou du thé, des produits de beauté naturels et des petits paniers fabriqués par une coopérative du Mali, un flacon d'huile d'argan produit par une association de femmes marocaines.

Couleurs locales

Selon la région où vous organisez votre réception, pensez à offrir un petit ballotin d'une spécialité locale. Des violettes de Toulouse, des nougats de Montélimar, des calissons d'Aix... Et pourquoi pas aussi un tube de crème de marron d'Ardèche, un petit bloc de foie gras du Sud-Ouest ou un pot de rillettes de la Sarthe ? Ainsi, vous faites travailler les producteurs de la région et faites plaisir à votre entourage.

C'est moi qui l'ai fait !

Montrez à vos invités à quel point vous êtes douée avec vos petits doigts... Un petit plateau fabriqué en déco patch, un cadre de photo peint à la main, une confiture faite maison, des bougies artisanales... Vous allez les bluffer !

On soigne la présentation

Ne gâchez pas vos efforts « verts » en emballant ces présents dans du papier cadeau classique ! Faites preuve d'ingéniosité : le nom du destinataire écrit sur une étiquette en papier recyclé, un lien en raphia autour d'un pot en verre, une petite pochette en tissu ou en toile de jute pour recevoir les friandises feront très bien l'affaire.

On recycle !

Récupérez tous les petits pots de fleurs en terre cuite ou en zinc qui traînent chez vous et faites-y pousser des herbes aromatiques que vous offrirez à vos invités.

Dans une ancienne nappe ou de vieux rideaux, fabriquez des petits pochons qui accueilleront les dragées, bonbons ou les infusions dont vous gratifierez vos convives.

Faites le tour des vide-greniers de votre région pour dégoter des petits objets vintage : broches, flacons anciens, cendriers de grands hôtels. Ces objets de récup combleront vos proches amateurs de cadeaux uniques et personnalisés.

La liste de mariage

Aujourd'hui 80 % des couples qui se marient vivent déjà ensemble. Ce qui signifie qu'ils sont généralement bien équipés. Mais ce n'est pas pour autant que vous allez bouder votre plaisir en refusant que le Père Noël passe deux fois dans l'année ! En revanche, vous prendrez soin de choisir des cadeaux durables, éthiques ou à vocation altruiste.

Pour une maison verte

Inscrivez sur votre liste des produits et équipements éthiques ou bio : du linge en coton organique, un matelas sans produits chimiques, des meubles en bois français et pas exotique, des objets de déco issus du commerce équitable. Vous verrez, le choix ne manque pas !

Un petit coin de nature

Vous adorez jardiner ? Commandez par l'entremise de vos proches du matériel de jardinage, la livraison régulière de plantes, l'organisation du potager de vos rêves. Mieux encore : et si vos invités plantaient un arbre en votre nom afin de participer à la reforestation de la planète ?

Un projet commun

Vous avez des idées plein la tête mais pas les moyens de les réaliser ? Suggérez à vos amis de participer financièrement au voyage de vos rêves, à l'achat de votre résidence principale ou à la formation professionnelle à laquelle vous aspirez.

Plaisir d'offrir

« Recevoir pour mieux donner », telle est votre philosophie. Généreux jusqu'au bout de votre voile et du chapeau haut-de-forme, vous préférez que vos invités fassent des dons aux plus nécessiteux ou pour une bonne cause. Signalez-leur les associations caritatives que vous aimeriez aider.

Des cadeaux non matériels

Et si vous profitiez de l'occasion pour vous faire offrir un abonnement à l'opéra, une inscription à un club de gym, des bons d'achats dans votre boutique bio préférée ?

Encore plus loin

Vos invités veulent vraiment vous faire plaisir et respectez vos convictions écolos jusqu'au bout ? Soufflez-leur l'idée de participer financièrement à la compensation de CO_2 produite par votre mariage. Vous allez en étonner plus d'un !

On recycle !

Si vous avez décidé de profiter de votre liste de mariage, faites le tri parmi vos affaires, meubles et équipements que vous envisagez de remplacer et donnez-les à des œuvres de charité. Vous ferez de la place et une bonne action !

Mémento pratique

Les sept règles d'or pour établir sa liste de mariage

1. **Soyez pratiques.** Dressez une liste très fidèle de ce dont vous manquez en art de la table, en électroménager, en meuble, en linge de maison et en matériel hi-fi.

   L'intérêt : on évite d'avoir en double des objets qui, une fois passé l'attrait de la nouveauté, finiront dans un placard ou pire à la poubelle !

2. **Complétez la première liste** avec toutes les choses qui vous font réellement envie : des bouteilles de vins millésimés, un nécessaire de voyage, un abonnement à l'opéra.

   L'intérêt : on se fait plaisir avec une liste de mariage qui allie l'utile à l'agréable.

3. **Prenez le temps de faire le tour** de vos boutiques préférées et des grands magasins pour regarder leurs offres.

   L'intérêt : on décide rapidement si une grande enseigne est suffisante ou s'il faut déposer une autre liste ailleurs pour être complètement satisfait.

4. **Prévoyez plus de cadeaux qu'il n'y a d'invités** et pensez à des objets de styles différents.

   L'intérêt : les invités retardataires n'auront pas à choisir entre la méridienne Louis XIV et le dernier saladier en inox. De façon plus générale, les invités pourront vous offrir un objet qui leur plaît vraiment.

5. **Une fourchette large de prix.** Veillez à ce qu'il y ait autant de cadeaux à prix accessibles que d'autres plus prestigieux. La moyenne pour les cadeaux étant d'environ 80 euros.

   L'intérêt : on évite de mettre mal à l'aise ses invités fauchés.

6. Remerciez vos invités au fur et à mesure que vous recevez vos cadeaux en leur envoyant un message.

L'intérêt : on évite de le faire le jour J ou au retour du voyage de noces et de forcément oublier quelqu'un.

7. Soyez polis. N'inscrivez pas sur le faire-part les coordonnées du lieu où vous avez déposé votre liste de mariage. Laissez le soin aux invités de poser la question à vos proches : parents, témoins.

L'intérêt : vous ne forcez la main de personne et ne passez pas pour des grossiers personnages !

Nos adresses coup de cœur

TRANSPORTS

LOCATION DE VÉHICULES VERTS

CDF Animation

Des professionnels du spectacle qui mettent à votre disposition attelage de chevaux et calèche pour vous rendre du lieu de cérémonie à la salle de réception.

www.cdfanimation.fr

Zone cyclable

Une entreprise créative qui propose de louer d'étonnants vélo-calèches électriques. Une solution originale pour transporter les mariés. Basé à Lyon.

Tél. : 04 72 77 83 40

www.zonecyclable.fr

Alterauto

Louer des voitures propres, c'est possible avec cette société. Elle met au service de ses clients des véhicules à moteurs hybrides (électrique et essence) qui rejettent moins de CO_2. Cerise sur le gâteau : un chauffeur qui vous conduit où vous voulez.

Tél. : 06 61 234 235

www.alterauto.com

AGL services

Voitures individuelles et « vertes » partout en France.

Tél. : 04 42 59 61 61

www.agl-services.com

H2 Rent

Pour louer des scooters, vélos, trottinettes électriques ou des vélos pliables.

Tél. : 04 76 17 21 15

www.h2rent.com

Vélo calèche

Amusez vos convives en les faisant pédaler un peu dans un pousse-pousse bicyclette. Au bout de quelques mètres, ils auront l'impression d'être au cœur de l'Asie !

Tél. : 04 72 77 83 40

www.velocaleche.com

Mariage en calèche

Du carrosse de Cendrillon au chariot du Far West, en passant par un attelage du Grand Nord, vous trouverez forcément le véhicule digne de votre grand jour.

Tél. : 01 60 22 41 60

www.mariageencaleche.com

Bus Mariage

Une très bonne initiative de la ville de Troyes et de la TCAT (Transports en commun de l'agglomération troyenne) ! Un bus privatisé et aux couleurs de l'amour pour votre grand jour et vos invités. À vous de définir les trajets qui vous conviennent le mieux. À partir de 160 euros pour 80 personnes.

Tél. : 03 25 70 49 10

www.tcat.fr

Gyropode Segway

Un transporteur personnel sur deux roues et qui se charge à partir de n'importe quelle prise de courant. On craque complètement pour ce véhicule tout terrain ludique et propre. Vous allez adorer !

Tél. : 01 75 44 82 20

www.segway.fr

COVOITURAGE

123 en voiture

Un site qui met en relation les personnes qui souhaitent effectuer un trajet en commun.

Tél. : 0 826 623 123

www.123envoiture.com

Covoiturage

Pour tous ceux qui souhaitent profiter ou faire profiter d'un véhicule pour un voyage convivial, économique et donc écologique.

Tél. : 0899 650 401

www.covoiturage.com

HÉBERGEMENTS

Gîtes de France

Pour trouver les gîtes ruraux, les chambres d'hôtes ou encore un chalet ou une ferme bio partout en France et référencés par ce site reconnu. Une gage de qualité.

Tél. : 01 49 70 75 75

www.gites-de-france.com

Établissements Écolabel

Pour trouver un endroit où passer la nuit et qui respecte la planète. Une garantie certifiée. Toutes les catégories d'hôtels sont concernées.

www.ecolabels.fr

Dans mon arbre

Dans le respect de la nature, une équipe de pros vient installer dans les arbres des hamacs où l'on se prélassera en regardant les étoiles. Une expérience inoubliable pour les grands et les petits. Petit déjeuner servi au « lit » !

Tél. : 06 89 95 36 67

www.dansmonarbre.com

Yourte and Breakfast

Une vraie aventure pour ceux qui passeront une nuit sous cette tente de peau, habitat typique des peuplades nomades turques et mongoles.

Pour trouver les yourtes les plus proches de votre lieu de réception : 01 43 54 77 04 et www.yourte.com

La cabane en l'air

Réalisez le rêve de gamin de vos invités en leur proposant de dormir dans une cabane perchée dans un arbre. Il en existe plus de 60 en France.

Tél. : 02 99 73 53 57

www.lacabaneenlair.com

LES PETITS CADEAUX

LES JARDINERIES ET MAGASINS SPÉCIALISÉS

Pour se procurer des végétaux, plantes aromatiques, herbes à chats, bambou, tisanes...

Botanic : www.botanic.com

Truffaut : www.truffaut.com

Nature et découvertes : www.natureetdecouvertes.com

Phytovienne : http://www.phytovienne.com/

Baby Tree

Un arbre miniature protégé dans sa capsule décore les assiettes et pourra ensuite s'accrocher à un porte-clé, un téléphone portable ou en guise de pendentif. On le laisse grandir avant de le planter dans un pot.

www.babytree.fr

Petite rose

Offrez un cadeau dont aurait rêvé le Petit Prince ! Un procédé de stabilisation (la sève a été remplacée par des produits naturels et biologiques) permet à une petite rose vermillon de vivre indéfiniment dans une petite capsule biodégradable. Autour du cou, la fleur de poche fera sensation ! Romantique et écologique : on craque sans attendre !

Faire-part magnet

Pour personnaliser des aimants décoratifs : photo des mariés, illustrations stylisées ou mots de remerciements. À vous de trouver le modèle qui vous ressemble le plus.

Tél. : 01 30 24 22 48

Les Rigol'arts

Ce regroupement d'artistes, issus des meilleures écoles, se fera un plaisir de caricaturer vos convives et les nouveaux mariés. Pour les plus frileux, vous pourrez leur demander des portraits ou des silhouettes.

Tél : 01 39 47 23 99

Candissime

Confiseries à sucer ou à croquer, douceurs fondantes ou fruitées... Toutes les friandises des régions de France se sont données rendez-vous dans cette bonbonnière en ligne !

Confiserie biologique

Des chewing-gums aux pâtes de fruits, en passant par des chocolats, des dragées et des bonbons au miel ou fourrés... On se croirait chez Willy Wonka mais version bio !

Escarboucle

Une clé USB en bois, un sac de gym en coton organique, un parapluie ou un calendrier recyclés... Vous ne saurez plus où donner de la tête en feuilletant virtuellement le catalogue de produits sympas pour la planète. En plus, il est possible de les personnaliser !

LISTE DE MARIAGE

Ikea

L'enseigne suédoise respecte une charte écologique et éthique. De plus elle participe régulièrement à des opérations caritatives.

Evaneo

Pour des objets artisanaux et décoratifs qui viennent d'Asie, d'Afrique et d'Amérique du Sud. Les produits sont issus du commerce équitable, respectueux de l'homme et de son environnement.

Tadé Pays du levant

Cette marque, saluée par la presse magazine, propose des objets de déco tendance, ethnique et éthiques. Elle est en contact direct avec les artisans locaux et privilégie le savoir-faire traditionnel et l'utilisation de matières premières 100 % naturelles pour des produits de qualité. On craque pour les guéridons en fer forgé, les couverts traditionnels en bois ou vermeil et les photophores en verre soufflé.

La Liste verte

Pour réveiller l'as du jardin qui est en vous ! Vous inscrivez sur votre liste des accessoires de jardinage, la réalisation de votre terrasse par un paysagiste, des plantes, des arbres ou des fleurs livrées pendant un an.

1001 listes et Bouygues

Vos invités, gentils donateurs, participent financièrement à l'achat de votre résidence principale en versant sur un compte la somme de leur choix. Le constructeur Bouygues doublera alors la mise initiale de vos convives (offre plafonnée à 5 000 euros). Un bon coup de pouce pour accéder à la propriété !

Tél. : 0810 002 470

www.1001listes.fr

Cart'Etincelle

Un système généreux et très simple. Ces « bons cadeaux » achetés par vos proches leur permettent de faire un don en votre nom à des causes qui vous sont chères : associations humanitaires, lutte contre la déforestation et le réchauffement climatique.

www.cartetincelle.com

Good gifts

Comme son nom l'indique, cet organisme se charge de faire des « cadeaux bons et généreux ». La somme d'argent versée par vos invités servira à payer la note d'électricité d'une famille modeste, d'assainir l'eau dans un pays en voie de développement ou de financer la scolarité d'un enfant.

www.goodgifts.org

Achat du cœur

Un portail qui regroupe de nombreuses enseignes et permet de faire du shopping humanitaire en ligne. À chaque achat effectué, une partie de la somme est reversée à une association caritative. Vos invités pourront alors vous offrir des produits de beauté, une console vidéo, des objets de déco ou du matériel hi-fi la conscience tranquille.

www.achatducoeur.com

Tree nation

En partenariat avec le PNUE (Programme des Nations Unies pour l'environnement), cette association a pour but de planter huit millions d'arbres au Niger pour lutter contre la désertification. Vos invités vous offrent la possibilité de participer à cette initiative en achetant, en votre nom, un arbre.

www.tree-nation.com

Climat mundi

Pour se faire offrir le pack « *Just married* ». Il compense les émissions de CO_2 d'une soirée de 150 personnes et de deux billets d'avion long courrier pour les jeunes mariés, avec quelques excursions locales quand ils seront sur place. On applaudit des deux mains !

www.climatmundi.fr

« Pour Marco et moi, notre mariage ne devait pas ressembler à un spectacle auquel on conviait notre entourage. Pour nous, il s'agissait d'un moment de partage et nous avons souhaité faire participer activement nos invités. Dès le matin, chacun a mis la main à la pâte pour monter le bivouac et dresser les tentes sous lesquelles nous allions dormir. Par sécurité, nous avions prévu une grange qui pourrait tous nous accueillir en cas de mauvais temps. Nous avions également réservé des chambres chez l'habitant pour les personnes plus âgées. Et nous n'avons pas pris congé de nos hôtes pour nous enfuir dans un palace étoilé pour poursuivre la fête jusqu'au bout de la nuit avec eux et autour d'un feu de camp. » Anna, 38 ans.

« On avait choisi au départ d'organiser notre mariage en Bretagne, où nous vivons. Mais lorsque nous avons rédigé la liste de nos invités, on s'est vite rendu compte qu'ils venaient de tous les coins de France et certains même de l'étranger ! Malheureusement et aujourd'hui encore certains trajets en train ou en avion doivent forcément transiter par la capitale. Nous avons donc décidé de réunir tout le monde à Paris pour célébrer notre union. C'est ce qu'il y avait de plus pratique pour l'écrasante majorité. Et puis, n'est-elle pas la ville internationalement connue pour être la cité de l'amour ? », Béatrice, 28 ans.

« Arthur et moi avions décidé de faire la fête dans la maison de campagne de ses parents. Le problème, c'est qu'elle est très isolée et qu'il n'y a pas d'hôtel dans le coin et que la maison n'était pas assez grande pour faire office d'auberge ! On était bien embêtés parce qu'il allait falloir loger nos invités, venus de loin. C'est ma belle-mère qui nous a suggéré de contacter le pensionnat qui était à seulement 5 kilomètres de là. Notre mariage allait avoir lieu en plein milieu des vacances scolaires et les chambres de l'établissement scolaire seraient alors vides. La directrice nous a alors proposé de les remplir avec nos convives, le temps d'une nuit ! Ils n'ont eu qu'à apporter leurs draps et leur serviette de bains. » Hélène, 37 ans.

8. Lune de miel

Avouez-le : dans les moments les plus durs de l'organisation du mariage vous y avez souvent pensé. À ces longues plages de sable fin où vous pourrez « buller » en paix avec votre tout nouvel époux. Bonnes nouvelles ! Le moment béni est enfin arrivé. Vous allez plier bagage pour vivre un joyeux tête à tête. Pour faire de votre lune de miel un moment inoubliable, il ne suffit pas de larguer les amarres. Prenez le temps de définir avec chéri ce que vous attendez de ces vacances bien méritées : du 100 % farniente, une escapade culturelle ou une virée en pleine nature ? Quelle que soit l'option choisie, faites rimer lune de miel avec engagement écologique. Mais pas de panique ! Personne ne vous condamne à séjourner dans une hutte sans eau ni électricité. En quelques années, l'écotourisme s'est largement développé et il offre différentes possibilités. Du gîte rural plein de charme, à l'écolodge en pleine savane en passant par une immersion dans des pays lointains, tout est possible.

À vous l'escapade exotique, urbaine ou campagnarde... et surtout responsable !

Voyage éthique, solidaire, responsable ?

Difficile de ne pas s'emmêler les pinceaux avec cette profusion de mots qui désignent des voyages alternatifs où l'on fait appel à la conscience d'autrui. Tous pareils alors ? Non, évitons d'être expéditif. Il existe des nuances qu'il est bon de rappeler. Petit mémo pour être une touriste éclairée et choisir un type de voyage en connaissance de cause.

Si je veux faire de l'écotourisme

Les définitions pleuvent et elles ne se ressemblent pas ! Autant aller à la source. Pour la Société Internationale d'Ecotourisme (TIES), l'écotourisme est « une forme de voyage responsable dans les espaces naturels qui contribue à la protection de l'environnement et au bien-être des populations locales ». Ce que vous devez retenir, en vrac et dans le désordre :

♥ L'écotourisme contribue à la protection de l'environnement en minimisant l'impact du voyage sur la nature et en la valorisant : préservation des zones menacées, sensibilisation des voyageurs et des locaux à la biodiversité. Il permet en outre de financer des projets de protection de la région visitée.

♥ Il a un impact économique direct sur les populations locales. Le but étant de lutter contre la pauvreté en développant des emplois locaux.

♥ Il a principalement pour cadre des pays du Sud et se vit en petits groupes pour favoriser le contact avec les peuples.

♥ Il n'est pas juste un tourisme « vert » qui désigne des voyages tournés vers l'observation et l'appréciation de la nature.

Si je veux faire du tourisme solidaire

On l'appelle aussi éthique, équitable ou responsable, à vous de choisir ! Selon l'Association pour le tourisme équitable et solidaire (ATES), il « implique les populations locales dans les différentes phases du projet touristique, le respect de la personne, des cultures et de la nature, et une répartition plus équitable des ressources générées ». En somme :

- ♥ Le tourisme solidaire participe à la protection de l'environnement et de la culture du pays visité.

- ♥ Surtout, il contribue au développement local en veillant à ce que tous les partenaires qui participent à la réalisation du voyage soient justement rémunérés. D'où les prix parfois plus élevés de ce type de voyage. On participe directement à l'amélioration de la vie des travailleurs locaux.

- ♥ En général, les bénéfices engendrés par le voyage sont réinvestis dans des projets de développement de la région.

- ♥ Parfois, le voyage a pour objectif de participer à un projet de développement local (construction d'un puits, d'un dispensaire...).

Ces deux types de voyage (proches dans leur conception) participent à un concept de tourisme dit « responsable ». Maintenant que vous savez tout sur le sujet, action !

 On recycle !

Si vous voyagez dans un pays en développement, embarquez avec vous une valise pleine pour la bonne cause ! Faites le tri des vêtements que vous ne portez plus et qui sont toujours en bon état pour les donner sur place. Essayez de vous renseigner sur les organismes compétents pour les redistribuer aux gens et évitez les intermédiaires qui n'ont pas toujours de bonnes intentions.

Dix idées pour être une « écovoyageuse »

Il faut le savoir

Le tourisme génère beaucoup de pollution. Tout voyage a ce que l'on appelle une « empreinte écologique ». Pour être clair, il entraîne une somme de pollutions et consomme une certaine quantité de matières premières. D'accord, le tableau n'est pas très réjouissant mais pas question pour autant de bouder votre plaisir ! Il existe différents moyens de limiter l'impact de vos escapades sur la nature, voire de la préserver. Piochez dans ces différentes astuces ce qui vous convient le mieux. Sans prise de tête ni culpabilité.

Du choix du transport

Très belle invention, l'avion est aussi le moyen de transport le plus polluant. Il rejette en grand nombre des gaz à effet de serre, responsables du réchauffement climatique. Et ce n'est pas avec l'explosion des compagnies low cost, et donc la multiplication des voyages, que le problème va se régler ! Un des choix qui s'offre à vous est de supprimer purement et simplement tout départ en avion. Que vous reste-t-il ? Rassurez-vous, il y a beaucoup d'autres solutions !

Le train

C'est le moyen de transport le plus « *friendly* » pour la nature. Et j'ajouterai le plus romantique ! Ses atouts : on a vraiment l'impression de partir en voyage et l'on peut regarder les paysages pendant des heures, serrée contre son homme. Vous n'avez toujours pas mis les pieds dans le sud de la France ou la Bretagne reste un mystère pour vous ? C'est le moment de rattraper votre retard. Mais rien ne vous oblige à vous limiter à la France. À vous l'Italie, l'Espagne, le Portugal... Certes, c'est beaucoup plus long mais siroter un café à Venise ou faire la fête à Barcelone, c'est plutôt motivant, non ?

Road-movie

Vous ne jurez que par les voyages en voiture, sono à fond et cheveux dans le vent ? D'accord, mais sachez qu'avec l'avion, la voiture caracole en tête des transports les plus nocifs pour la planète. Vous pouvez limiter la casse en pratiquant le covoiturage. En somme, vous laissez la vôtre au garage et partagez celle de parfaits inconnus qui vont dans la même ville que vous. Économique (vous partagez les frais du voyage) et écologique (vous minimisez l'impact de votre déplacement).

Bon plan

Pour être sûrs de prendre le transport le plus « vert », surfez sur le site www.voyage-sncf.com La SNCF a mis en place un écocomparateur de temps, de tarif et de production de CO$_2$. Entre le bus, l'avion et le train, vous saurez lequel est le moins nocif pour une destination donnée.

L'appel du large

Pour certaines personnes (et elles sont nombreuses), s'enterrer à Trifouillis-les-oies pour sa lune de miel est hors de question. Comme on vous comprend ! La lune de miel est l'occasion, parfois la première, d'aller rouler sa bosse à l'autre bout du monde. Et à moins d'avoir plusieurs mois devant soi, il est difficile d'y aller en train ou en vélo. L'avion reste alors la seule solution. La bonne idée, c'est de compenser l'émission de CO$_2$ de son voyage. Il suffit de choisir des agences qui proposent ce service. Vous n'avez rien à faire si ce n'est payer un peu plus cher votre billet (en fonction de la distance à parcourir). Les fonds recueillis servent à financer des micro-projets (assainissement de l'eau, reforestation...) dans des pays en développement.

Le B.A-BA vert

☒ Le tourisme est la première industrie de la planète. Vu les déplacements qu'elle génère, elle a un fort impact sur l'écologie. Un exemple édifiant : un vol Paris/New York représente le quart des gaz à effet de serre émis chaque année par un Français. La voiture ne s'en sort pas mieux avec un taux de 170 g de CO2 en moyenne par kilomètre. D'où la nécessité de réfléchir avant d'utiliser ces deux moyens de transport et de limiter ainsi les émissions de CO2.

☒ La sur-fréquentation des lieux qui ont une biodiversité riche menace les écosystèmes.

Chambre avec vue

Une fois sur place, ne descendez pas dans le premier hôtel du coin. Allez jusqu'au bout de la logique en choisissant des hébergements « green ». Les écolodges, ça vous dit quelque chose ? Forcément, c'est la grande tendance en ce moment. Il s'agit d'un hôtel situé dans une zone naturelle et fortement impliquée dans le développpement durable. Construit avec des matériaux locaux, il préserve la faune et la flore. Nombreux sont les gestes écologiques : utilisation d'énergie solaire, tri des déchets, lavage du linge de toilette et de lit sur demande, économisateurs d'eau dans les douches, produits d'entretien bio, usage de bouteilles en plastique limité, nourriture locale et bio... On trouve de tout parmi les écolodges : des établissements au confort rudimentaire en passant par de sublimes hôtels qui marient luxe et respect de la nature. L'autre option, c'est de séjourner dans des gîtes Panda. Ce sont des gîtes labellisés par le WWF selons certains critères environnementaux, dont leur situation dans un parc naturel. Privilégiez aussi les hôtels, campings et gîtes labellisés par la Clé Verte, un organisme qui regroupe des établissements à travers le monde qui économisent l'eau et l'énergie, trient leurs déchets, incitent leur clientèle à rouler à vélo...

On dit non au « *all inclusive* »

Souvent très alléchantes par leur prix, les formules tout compris ne bénéficient qu'au complexe qui vous accueille et pas du tout aux populations locales. Mieux vaut juste payer votre hôtel et manger dans les restaurants du coin. Vous soutiendrez ainsi l'économie du pays.

S.O.L.I.D.A.R.I.T.E

Si vous n'êtes pas du style à vous tourner les pouces sur la plage, mettez votre énergie débordante au profit de la population locale. Partez grâce à une agence ou un organisme qui vous propose de participer à un projet de développement : construction d'un puits, d'une école, d'un dispensaire, d'un orphelinat, cours de français ou d'informatique... Avec un peu de temps, et beaucoup de volonté, vous ferez des heureux. Généreux et gratifiant.

Sauver la planète

Autre option pour les mariés : participer à des chantiers bénévoles au service de la nature. Amis des bêtes, à vous les plages du Péloponnèse pour sauver les tortues marines ou les côtes du Var et de la Corse pour étudier les cétacés. Parmi les différentes actions pour protéger la faune et la flore, vous choisirez celle qui vous parle le plus.

Label &co

Méfiez-vous des voyagistes qui surfent sur la vague du voyage écolo en vous référant aux différents labels. Partez tranquille avec un tour-opérateur ou un établissement membre de l'ATR (Agir pour un tourisme responsable) ou de l'UNAT (Union nationale des associations de tourisme et de plein air) et de Station Verte.

En route pour...

Présentation non exhaustive de quelques pays qui se prêtent bien au tourisme écolo. Histoire de vous mettre l'eau à la bouche.

- ♥ Madagascar, une île connue pour sa diversité naturelle (espaces arides, végétation luxuriante...) et culturelle (le pays est un carrefour entre l'Asie et l'Afrique) ;

- ♥ le Costa Rica, un pays ultra vert qui possède de nombreux sites protégés. À voir absolument : l'île Cocos ;

- ♥ l'Argentine, un pays immense, plein de contrastes, entre urbanité et nature majestueuse ;

- ♥ Belize qui recèle des trésors mayas dans sa jungle ;

- ♥ le Bostwana avec ses espaces vierges de toute présence humaine et les mythiques Chutes Victoria ;

- ♥ le Mali, et son mystérieux pays Dogon sur les falaises du Bandiagara ;

- ♥ le Kenya et sa magnifique savane, la tribu Masaï et le Lac Victoria ;

- ♥ l'Afrique du Sud pour ses incontournables parcs naturels ;

- ♥ le Canada, avec entre autres, ses magnifiques Chutes du Niagara qui fascinent toujours autant ;

- ♥ le Pérou, pays des Incas qui alterne mer, montagne et désert ;

- ♥ l'Inde, dans les montagnes aux abords de l'Hymalaya ou dans le sud luxuriant, au Kerala.

On n'oublie pas ses principes sur place

Inutile d'avoir fait l'effort de voyager malin si une fois à destination, vous oubliez toutes vos bonnes habitudes. Voici la charte du voyageur responsable qui se distingue par son bon sens et ses bonnes manières. Mais ne vous mettez pas trop la pression. Si vous adoptez certains de ces comportements, c'est déjà pas mal. Chaque petit geste compte...

- ♥ On oublie la voiture sur le lieu de vacances. Préférez les transports en commun (courage s'ils sont *roots*) ou louez des vélos.

- ♥ Lors de vos balades à pied, suivez toujours les sentiers balisés pour éviter de piétiner la flore.

- ♥ Même si vous les trouvez craquantes, résistez à l'envie de cueillir des fleurs. Dégainez votre appareil photo pour en garder un souvenir.

- ♥ Dans le même style, on évite de nourrir les animaux sauvages.

- ♥ Emportez partout des sacs-poubelle pour y mettre tous vos déchets.

- ♥ À l'hôtel, ne vous laissez pas aller non plus. On oublie les bains, on utilise avec parcimonie la douche et on éteint la lumière une fois que l'on a quitté les pièces.

- ♥ On snobe la climatisation, trop consommatrice d'énergie.

- ♥ On évite de ramener dans ses bagages des colliers en corail, des statuettes en ivoire ou des peignes en écailles de tortue. Pour les souvenirs, on se limite à des choses qui ne proviennent pas d'espèces menacées.

Check-list de la valise écolo

Quelques petits conseils pour vous aider à faire la valise idéale. À consulter avant de la boucler !

On voyage léger

Inutile d'emporter dix robes, dix shorts et dix chemises. Mieux vaut vous limiter à quelques vêtements que vous laverez régulièrement. Dans le même esprit, ne faites pas une razzia dans les boutiques avant de partir. Essayez d'utiliser au maximum ce que vous avez déjà. Bon allez, faites-vous plaisir avec ce petit maillot de bain qui vous fait de l'œil.

Respect

Renseignez-vous avant de partir sur les habitudes locales et adaptez votre valise en fonction. Par exemple, on évite les tenues ultra-courtes dans les pays musulmans et on prévoit des foulards pour entrer dans certains lieux de culte.

Dans ma trousse de toilettes

N'y casez que des produits « green », notamment si vous devez vivre un moment en pleine nature. On oublie le dentifrice ou la lessive pleine de phosphate pour éviter de polluer les rivières.

Vieille école

Vive les gourdes ! Remettez cet objet culte de votre enfance au goût du jour. On se débarrasse ainsi des vilaines bouteilles en plastique.

Le bon matériel

Si vous prévoyez d'embarquer une lampe de poche, préférez celle sans piles sinon ramenez-les avec vous si vous êtes dans un pays en développement car elles ne pourront pas forcément être recyclées sur place.

Mémento pratique

1. **On pense aux formalités.** Avant de vous jeter sur votre billet, vérifiez si vous avez besoin d'un visa et pensez au temps imparti pour qu'il soit délivré. De même, faites le point sur vos vaccins.

2. **On est prévoyant.** Pour faire face aux pertes, vols et autres aléas, faites deux photocopies de votre passeport dont une que vous laisserez chez vous avant de partir et l'autre que vous garderez avec vous. On fait aussi attention à son argent. Ne vous baladez pas avec tout votre pactole sur vous et ne le laissez pas non plus à un seul endroit.

3. **On conjure la maladie.** Avec une trousse de secours impeccable qui contient nos médicaments usuels et tout le nécessaire pour lutter contre les maux de tête, ventre, dos...

4. **On s'adapte.** Le décalage horaire peut parfois être violent. Pour éviter d'être trop dans les choux, mettez-vous dès l'arrivée à l'heure locale et couchez-vous uniquement à la tombée de la nuit.

Nos adresses coup de cœur

ORGANISMES

ATR

L'association regroupe les opérateurs de tourisme responsable. Elle a mis au point un label « Tourisme Responsable » qui permet de vérifier que le voyagiste avec lequel on part s'engage à respecter certaines conditions. En sont membres Chamina, Sans Frontières, Tirawa, Atalante, Allibert, La Balaguère...

www.tourisme-responsable.org

ATES

Association créée en 2006 qui regroupe les différents acteurs du tourisme solidaire et équitable. Il est utile de surfer sur son site pour découvrir les voyagistes qui ont signé sa charte.

www.tourismesolidaire.org

Association française d'écotourisme

Elle a créé un réseau d'opérateurs qui pratiquent l'écotourisme en France. On retrouve sur son site les noms de différents établissements verts. Pratique pour trouver l'hôtel idéal pour sa lune de miel.

www.ecotourisme.info

Echoway

Association qui a pour but d'informer les voyageurs sur le tourisme responsable. Sur le site, pas mal d'astuces, de conseils et d'idées de destinations écolos.

www.echoway.org

AGENCES DE VOYAGES SOLIDAIRES ET D'ÉCOTOURISME

Atalante

Une agence pionnière qui a créé la charte éthique du voyageur et qui est membre de l'ATR.

Tél. : 04 72 53 24 85

www.atalante.fr

La Balaguère

Un spécialiste de la randonnée qui s'engage à respecter la nature, les cultures et à une juste rémunération de tous les acteurs du voyage. Spécialiste entre autres des Pyrénées, du Mali et du Maroc.

Tél. : 0820 022 21

www.labalaguere.com

Allibert

Des pros de la montagne et des voyages à pied dans un total respect de la nature et des hommes.

Tél. : 0825 090 190

www.allibert-trekking.com

Nomade Aventure

Une agence que sauront apprécier les amoureux de grands espaces traversés à pied, à dos d'animaux, en transports locaux...

Tél. : 0825 701 702

www.nomade-aventure.com

Vision du Monde

Des voyages solidaires aux quatre coins du monde qui placent au cœur du séjour la rencontre et l'échange avec les populations locales.

Tél. : 04 74 43 91 82

www.visiondumonde.org

La Route des sens

Des voyages itinérants qui promettent une véritable immersion dans le pays. Au choix : Laos, Casamance, Madagascar, Panama et le Maroc.

Tél. : 04 67 57 37 59

www.laroutedessens.org

Couleurs Sensations

Une association qui s'est lancée il y a trois ans dans l'organisation de voyages solidaires au Maroc, en Argentine, en Croatie, au Chili…

Tél. : 04 76 46 17 05

www.couleurs-sensations.com

Saïga

Une agence qui propose des voyages qui ont du sens, en pleine nature, au Canada, en Nouvelle-Zélande, au Sénégal…

Tél. : 05 46 41 34 42

www.saiga-voyage-nature.fr

Club Aventure

Une agence que l'on ne présente plus qui s'est spécialisée dans le voyage d'aventure et dans l'écotourisme.

Tél. : 0826 88 20 80

www.clubaventure.fr

Planète insolite

Cette association propose des voyages « écosolidaires » axés sur l'environnement au Cambodge, en Équateur, en Inde, en Jordanie, en Tanzanie…

Tél. : 04 90 47 18 75

www.planete-insolite.org

Croq'Nature

Découvrir le peuple touareg et vivre ses réalités au quotidien, c'est ce que propose cette agence à travers des voyages au Niger, au Mali, en Mauritanie…

Tél. : 05 62 97 01 00

www.croqnature.com

Voyager Autrement

Des voyages solidaires qui permettent de soutenir des iniatitves locales et de tisser des liens avec les populations tout en découvrant le pays.

Tél. : 04 91 00 96 49

www.voyager-autrement.fr

Terra Incognita

Un tour-opérateur qui propose des voyages individuels ou en groupes respectueux des principes éthiques. On peut y déposer sa liste de mariage.

Tél. : 04 72 53 24 90

www.terra-incognita.fr

Luxethika

Envie de luxe intelligent ? Foncez chez cette agence, la première à s'être spécialisée dans les voyages de luxe éthiques. Cerise sur le gâteau, ils sont réalisés sur mesure pour coller à la moindre de vos envies. L'assurance de voyager dans des lieux uniques, respectueux de l'homme et de l'environnement.

www.luxethika.com

VOYAGES BÉNÉVOLES

Meli Mundo

Des break intelligents qui permettent de combiner évasion et bénévolat dans des orphelinats, pour replanter des arbres…

Tél. : 09 52 47 73 19

www.melimundo.com

À pas de loup

Des chantiers et des missions d'écovolontariat proposés en France mais aussi à l'étranger. Entre autres : protection des vautours fauves en Croatie, des tortues marines en Grèce…

Tél. : 04 75 46 80 18

www.apasdeloup.org

Planete Urgence

Des missions qui intéresseront ceux qui veulent partir pendant un certains temps et les faire financer par leur employeur.

Tél. : 01 43 40 42 00

www.planete-urgence.org

Écovolontaires

Des séjours pour participer à la protection de la nature en Amérique du Sud, en Europe et en Asie.

Tél. : 04 67 60 30 15

www.ecovolontaires.org

HÉBERGEMENT

Gîtes Panda

Des hébergements Gîtes de France , label-lisés par le WWF, qui sont situés dans des parcs naturels, et sont soucieux de la préser-vation de l'environnement.

www.gites-panda.fr

Hôtels au naturel

Des hôtels en plein cœur de parcs naturels régionaux et qui se distinguent par des prati-ques éco-responsables. Au choix : un mas dans le Luberon, une bastide dans le Verdon, un châlet en montagne...

www.hotels-au-naturel.com

Cap France

Plus de 40 villages de vacances sont label-lisés « Chouette Nature » et proposent un tourisme responsable.

Tél. : 01 48 78 84 25

www.capfrance-vacances.com

Toprural

Un site spécialiste du tourisme rural dans les pays européens. On y trouve présentée une sélection de gîtes qui se trouvent dans un environnement rural en France, au Portugal, en Italie et en Espagne.

www.toprural.com

Origins Lodge

Des écolodges mais aussi des écocamps et des voiliers traditionnels qui respectent et s'intègrent dans les paysages marocains, égyptiens, chiliens...

Tél. : 04 72 53 72 19

www.origins-lodge.com

L'Eden Lodge Madagascar

Il peut se vanter d'être le premier hôtel au monde qui fonctionne 100 % à l'énergie solaire. D'une décoration soignée, il a été classé par le magazine l'*Officiel Voyage* parmi les 110 plus beaux hôtels au monde. Pas besoin d'en rajouter pour avoir envie de découvrir cette adresse d'exception.

http://www.edenlodge.net

La Grée des Landes

Près de Rennes, un éco-hôtel spa ouvert par le géant Yves Rocher. Niché en pleine nature, cet établissement vaut le détour pour son cadre mais aussi pour sa décoration épurée et son spa « L'Heure Végétale » où l'on reçoit des soins à base de produits bio. Une lune de miel placée sous le signe du bien-être au naturel.

www.lagreedeslandes.com

The Leading Hotels of the World

Cette organisation qui regroupe les hôtels les plus prestigieux dans le monde s'engage à limiter l'empreinte écologique du séjour de ses clients en s'alliant à STI (Sustaina-ble Travel International), un organisme qui promeut le développement durable. On s'offre du luxe, oui mais du luxe malin !

www.lhw.com

La clef verte

Un label environnemental international. On retrouve sur leur site la liste des hébergements labellisés région par région pour la France : hôtels, chambres d'hôtes, campings...

www.laclefverte.org

Aqualogis

En Bourgogne, une maison-bateau unique, bâtie sur un étang, dans le respect de l'environnement et qui se loue pour un week-end ou une mini semaine. **Le + :** elle s'inscrit dans une propriété classée réserve naturelle.

Tél. : 03 85 78 64 63

www.aqualogis.fr

La Chouannière

Une cabane perchée dans les arbres en pays de Loire qui accueille les amoureux pour un tête à tête ultra-romantique.

Tél. : 02 41 80 21 74

www.loire-passion.com

COMPENSER SES ÉMISSIONS DE CO2

On se renseigne sur ces différents sites :

www.goodplanet.org

www.co2solidaire.org

www.climatmundi.fr

www.actioncarbone.org

COVOITURAGE

www.123envoiture.com

www.easycovoiturage.com

www.ecotrajet.com

Témoignages

« Je suis une fana de cyclisme. Un de mes fantasmes était de sillon-
ner la côte bretonne à vélo. J'ai utilisé l'euphorie du mariage pour faire
approuver ce projet par mon homme, pas vraiment fana du deux roues
mais content de donner une dimension écolo à notre lune de miel. Je me
suis éclatée à prévoir notre périple et à tout organiser. On s'est vraiment régalé durant cette escapade même si elle a pris fin au bout d'une
semaine, au lieu de deux prévu au départ. Mon homme a déclaré forfait et
réclamé de se poser dans un hôtel. Je n'ai pas vraiment opposé de résis-
tance : j'étais lessivée ! » Laure, 29 ans.

« Mon mari et moi sommes des écolos vraiment convaincus. Pour limiter
au maximum notre empreinte écologique, on a décidé de zapper purement
et simplement la lune de miel. J'ai proposé à mon mari de nous évader
sans bouger en partant sur les traces de l'Inde à Paris. Restaurant,
exposition, soins en institut et hébergement dans un hôtel: nous avons
vécu un véritable week-end à l'indienne. Dépaysant ! » Agathe, 35 ans.

« Hyperactifs de nature, vétérinaires de profession, nous avons snobé
la plage pour nous inscrire à un programme de préservation de l'environnement. Direction la Guyane pendant trois semaines pour soigner et
protéger les tortues d'eau douce. Un moment inoubliable mais aussi très
fatiguant. Malgré cela, on ne regrette rien. » Maud, 33 ans.

Annexes

Les 25 gestes écolos au quotidien

Pas question de perdre ses bonnes habitudes après le mariage. On continue à faire de petits gestes au quotidien ... qui auront demain de grands effets pour la planète.

1. Côté alimentation : deux règles. Manger de saison et local. On oublie les fraises en plein hiver et on achète ses produits chez les maraîchers du coin. Le bonus : on réduit le transport des aliments qui contribue à l'émission de gaz à effet de serre, surtout quand ils sont importés. Ayez le réflexe AMAP (association pour le maintien d'une agriculture paysanne). On s'approvisionne chez un agriculteur proche de chez nous qui nous prépare chaque semaine un panier avec des fruits et légumes cultivés par ses soins.

2. Le poisson, c'est bon pour la santé, ça serait dommage de s'en priver. Repérez les bonnes pêches grâce au logo MSC (Marine Stewardship Council). Vous serez sûre que la marque en question ne pratique pas la surpêche de saumon, de merlu ou de thon...

3. Faites régulièrement le tri de vos déchets (et pas de temps en temps pour vous donner bonne conscience).

4. Les emballages, c'est très mignon mais c'est aussi très polluant. Évitez d'entraîner des déchets inutiles en achetant au maximum des produits alimentaires et de beauté en vrac. Dites adieu aux barquettes individuelles, monodoses et coques en plastique.

5. On emporte son joli panier, cabas et consort pour aller faire ses courses. On snobe royalement les sacs en plastique, qui mettent un temps hallucinant à se dégrader.

6. On ne s'éclaire plus qu'avec des ampoules basse consommation. Vous tournerez peut-être de l'œil à l'achat car elles sont chères mais elles durent beaucoup plus longtemps et surtout elles consomment moins d'énergie. Donc au final, c'est rentable ! En plus, nos vieilles ampoules sont depuis le 1er septembre 2009 interdites à la vente. Faites aussi la chasse aux halogènes, beaucoup trop gourmands en énergie.

7. L'eau est l'or de demain, donc on y fait gaffe ! On arrête les bains et les douches d'une demi-heure. On se savonne, on se rince et c'est fini. Essayez aussi de vous réconcilier avec l'eau du robinet. Elle est bonne à boire, gratuite et surtout à votre disposition. Pas besoin de consommer des packs d'eau minérale que l'on achemine de loin.

8. Ce n'est peut-être pas très glamour mais mieux vaut dormir avec des chaussettes plutôt que de pousser le chauffage à fond. En le maintenant à une température autour de 19 °C, vous diminuez la consommation d'énergie et l'émission de CO_2.

9. Des piles, on en utilise et pas qu'un peu. Plutôt que de les jeter au fur et à mesure, on les entasse dans un sac que l'on apporte aux endroits prévus pour le ramassage de piles, comme dans les supermarchés. On permet ainsi qu'elles soient recyclées.

10. La bonne idée : investir dans un chargeur de piles. On peut ainsi les réutiliser au moins 500 fois !

11. Avant de vous coucher, faites le tour de la maison pour éteindre tous les appareils en veille, car même quand ils ne marchent pas, ils consomment de l'électricité.

12. Bonne pour la santé et pour la ligne, la marche est à adopter d'urgence. On fait du bien à notre corps et on se déplace de la manière la plus écologique qu'il soit (avec le vélo !). Pour les longues distances, sautez dans un train ou dans un bus. Évitez au maximum la voiture qui est, avec l'avion, le moyen de transport le plus polluant. Sinon, ayez le reflexe covoiturage.

En partant avec des personnes qui vont dans la même direction que vous, vous diminuerez l'impact de votre voyage.

13. Autre bonne idée : louez écolo. Des agences comme Europcar ou Hertz, dans certaines villes, louent des voitures « vertes » qui roulent au bioéthanol ou au gaz naturel.

14. Habillez-vous écolo. Impossible d'y échapper, la plupart des marques se lancent dans la mode « green », et c'est tant mieux ! À vous de choisir, en fonction de votre budget, entre les lignes de créateurs et celles développées par les grandes chaînes. Préférez le coton bio, (seul certifié jusqu'alors) cultivé sans OGM ni pesticides, ou des matières naturelles comme le chanvre, le bambou, la fibre de lait...

15. On se fait une beauté bio avec des produits certifiés, respectueux de l'environnement et de la peau (sans paraben, colorant, parfum de synthèse...).

16. Investissez dans de l'électroménager de classe A. D'accord, les appareils sont plus chers mais ils sont vite amortis car il consomment beaucoup moins d'électricité et aussi moins d'eau.

17. Pour éviter de charger nos cours d'eaux en agents chimiques, on se ravitaille en produits ménagers bio : produits vaisselle, détergent... On remplace la lessive par des noix de lavage. En cas de grosses taches, faites tremper votre linge avant de le laver dans du bicarbonate de sodium et de l'eau.

18. Ne dégainez plus votre essuie-tout pour nettoyer les taches. Achetez plutôt des chiffons en microfibres qui enlèvent les saletés, la poussière et la graisse. L'avantage : on peut les laver et les réutiliser longtemps.

19. Côté déco, vérifiez que le bois utilisé pour vos meubles provient de forêts gérées durablement et pas de pays qui participent à la déforestation sauvage. Un label pour en être sûr : Forest Stewardship Council.

    → www.fsc.org

20. Pas besoin d'avoir une maison flambant neuve, équipée dernier cri. Cultivez votre style et votre singularité en chinant dans des brocantes de vieux objets auxquels vous redonnerez une seconde vie en les peignant ou les customisant. Recycler, c'est une autre façon de consommer.

21. Dans le même esprit, plutôt que de jeter les objets dont vous n'avez plus l'utilité, donnez... ou vendez sur des sites Internet ou dans des vide-greniers. Ils trouveront toujours un acquéreur qui tombera sous leur charme.

22. Si vous avez un jardin, dès qu'il pleut, récupérez et stockez l'eau de pluie. Vous l'utiliserez pour arroser pelouse et fleurs.

23. C'est fou le nombre de publicité que l'on reçoit dans sa boîte aux lettres ! Collez-y un autocollant « Stop pub ». Plus on sera nombreux à les refuser, plus on économisera du papier et moins il y aura de déchets à traiter.

24. Pensez à imprimer vos documents recto-verso au bureau comme à la maison. Du gâchis en moins.

25. Soyez une maman « green » en utilisant des couches lavables. Elles demandent un réel effort car il faut les laver mais pensez au nombre de couches qu'un bébé utilise (et donc les déchets que cela entraîne). Sans compter qu'on épargne les fesses du bébé en lui évitant d'être 24 heures sur 24 en contact avec du plastique. Vous n'êtes pas encore maman ? Prenez une longueur d'avance, et réfléchissez-y !

Les formalités

Récapitulatif rapide des formalités à remplir pour organiser un mariage. Avec un peu de discipline et beaucoup de patience, cette phase pas très folichonne passera comme une lettre à la poste.

Le dossier de mariage

Le mariage civil

Les conditions pour se marier

Des conditions à vérifier avant de convoler en justes noces...

♥ L'âge légal pour se marier est de 18 ans pour l'homme comme pour la femme. Une exception est prévue en cas de grossesse. Dans ce cas, le couple doit s'adresser au procureur de la République et lui remettre un certificat de grossesse. Les mineurs peuvent aussi déroger à cette règle. Le consentement d'un seul de leur parent suffit alors.

♥ Les deux futurs époux doivent s'engager en toute liberté. Ils échangent un consentement libre et éclairé. Ce qui exclut tout mensonge ou pression.

♥ Il est interdit de se marier entre parents et enfants (naturels ou adoptifs), entre frères et sœurs, avec le conjoint d'un descendant si ce dernier est en vie. Des dispenses peuvent être accordées aux frères et sœurs adoptifs et pour les mariages avec un oncle, une tante, un neveu ou une nièce.

♥ La loi reconnaît aux étrangers comme aux Français le droit de se marier sur le sol français

♥ En cas de remariage pour les femmes veuves ou divorcées, le premier mariage doit être dissous, et ce depuis 300 jours. La loi française ne tolérant pas la polygamie, une personne déjà mariée à l'étranger ne peut donc se marier légalement en France.

Le dossier à proprement parler

Il se retire à la mairie où sera célébré le mariage (le lieu de résidence de l'un ou l'autre des futurs époux, à condition qu'il y réside continûment depuis au moins un mois.) Vous pouvez vous marier dans la mairie du lieu de votre résidence secondaire. Vous devrez justifier de votre propriété avec un relevé d'impôt, une facture EDF-GDF. Selon le bon vouloir du maire, vous pourrez aussi vous marier dans la mairie du lieu de résidence de vos parents. Retirez le dossier assez tôt pour choisir sans contrainte la date de votre mariage.

Ce que doit comprendre le dossier

♥ Un acte de naissance délivré en France depuis moins de trois mois avant la date du mariage. Et moins de six mois s'il a été délivré Outre-mer ou dans un consulat ;

♥ Une pièce d'identité ;

♥ Un justificatif de domicile ;

♥ Un certificat du notaire si le couple a conclu un contrat de mariage ;

♥ Des informations concernant les témoins : nom, adresse, profession...

La publication des bans

Elle se fait automatiquement par la mairie après l'ouverture du dossier. Elle a pour but de faire connaître à autrui le projet de mariage. Et de permettre à toute personne qui souhaite s'y opposer de s'exprimer. Les bans sont publiés pendant dix jours, dans les deux mairies si les futurs époux ont des résidences différentes. Passé ce délai, s'il n' y a aucun « squelette dans vos placards », vous pourrez librement vous marier.

Le dossier des témoins

Ce sont les amis les plus proches qui vont témoigner de votre amour. Et, détail non négligeable, ils seront partie prenante dans l'organisation du mariage. À bien choisir donc.

Les conditions pour être témoin

♥ Chacun des futurs époux a droit à deux témoins maximum.

♥ Les personnes choisies doivent être majeures.

♥ Elles ne sont pas obligées d'avoir un lien de parenté.

♥ Elles fourniront une photocopie de leur carte d'identité et donneront tout renseignement nécessaire à l'élaboration du dossier : nom, prénoms, date et lieu de naissance, adresses et profession.

♥ Si vous n'étiez pas dans la possibilité de présenter deux témoins personnels, le personnel de la mairie pourra faire office de témoins.

♥ Ils témoignent de la sincérité de l'union des futurs époux.

♥ Ils signent le registre après le consentement des époux.

♥ Ils jouent un rôle actif dans l'organisation du mariage : garder les alliances, mettre en place l'enterrement de vie de jeune fille ou de garçon, faire un discours...

Pensez à l'assurance annulation mariage

Elle n'est pas obligatoire mais une mariée avertie en vaut deux ! La plupart des frais engagés vous seront ainsi remboursés, au cas où vous décideriez d'annuler la réception, mais sous certaines conditions seulement (décès, accident, maladie, intempéries, grève monstrueuse, complication de grossesse...). Elle doit être souscrite entre 30 jours et 365 jours avant la date du mariage. Bien lire le contrat avant de le signer !

Les contrats de mariage

On oublie les tabous et on aborde franchement cette question avec son futur époux ! Histoire de se protéger mutuellement...

Il y a différents types de contrats.

♥ Un contrat de mariage concerne l'ensemble des règles juridiques applicables aux époux et à leurs biens : comptes bancaires, meubles, appartement ou maison, fonds de commerce.

♥ Il n'est pas obligatoire de signer un contrat de mariage. Votre mariage sera automatiquement régi par le régime de « la communauté réduite aux acquêts ».

♥ Vous êtes libres de choisir votre notaire.

♥ Tout passage chez le notaire est tarifé. Les frais et émoluments pour la signature d'un contrat de mariage varient entre 300 et 400 euros.

♥ Aucun contrat n'est figé et des aménagements peuvent lui être apportés.

♥ Il est possible de changer de contrat de mariage ou d'en faire établir un mais sous certaines conditions : deux ans ont dû s'écouler depuis votre mariage ou la signature du précédent régime. Ce changement ne doit pas être fait au détriment de la famille, ne doit pas constituer une fraude aux droits de tiers et de créanciers. Cette décision relève du Tribunal de grande instance. Ce changement engendre des frais et des honoraires. La consultation d'un notaire et d'un avocat est incontournable.

♥ Prévoyez un rendez-vous suffisamment tôt chez votre notaire. Parfois un inventaire des biens de chacun doit être établi, ce qui prend du temps.

♥ Afin de choisir le contrat le mieux adapté à votre ménage, vous devez prendre en compte la fortune personnelle et les biens de chacun, les éventuels enfants nés d'une précédente union, vos âges, les professions et les projets professionnels de chacun.

♥ Il existe un contrat adapté aux besoins de chacun. Il est nécessaire de se renseigner auprès d'un notaire. Vous pouvez également vous procurer une brochure très claire et détaillée auprès du Conseil Supérieur du Notariat (3,50 euros).

Un contrat pour tous et gratuit : La communauté réduite aux acquêts

Depuis le 1er février 1966, c'est le régime légal sous lequel sont mariées toutes les personnes françaises n'ayant pas signé de contrat chez le notaire. Il est donc gratuit et automatique. Aucun document écrit ne vous sera remis. Les différents articles se trouvent dans le code civil.

Ce qu'il implique :

♥ Les biens (meubles, immobiliers ou fruits d'une activité professionnelle) acquis par les époux, au cours de leur union qu'ils aient été payés par Madame ou par Monsieur, sont communs.

♥ Les biens acquis avant le mariage ou reçus par donation ou lors d'une succession (avant ou pendant l'union) n'entrent pas dans la communauté.

♥ En cas de divorce ou de décès, les biens dits communs sont partagés pour moitié. Les autres demeurent personnels.

Attention : en cas de dettes contractées par l'un des conjoints, même dans le cadre de son activité professionnelle, l'autre est solidaire.

Ce contrat n'est pas figé et certains aménagements peuvent lui être apportés. Mais pour cela, il faudra passer par la case Notaire.

Les contrats qui nécessitent un passage chez le notaire

La séparation de biens

C'est un régime matrimonial très clair et qui implique une indépendance totale. Chaque époux est propriétaire de ce qu'il possédait avant le mariage et de ce qu'il acquiert pendant le mariage et peut en disposer comme il le souhaite sans avoir à consulter l'autre.

Attention : le logement familial ne pourra être vendu sans l'accord des deux époux, qu'il appartienne ou non à l'un des deux.

Les biens achetés en commun appartiennent logiquement aux deux ou en proportion selon l'apport de chacun.

Les époux ne sont pas solidaires des dettes de l'autre (sauf arriérés fiscaux et ménagers).

En cas de divorce, chacun récupère ses biens sans partage. Sauf pour les biens achetés en commun. Dans ce cas, ils seront divisés selon l'apport de chacun. Si l'appartenance d'un bien ne pouvait être prouvée, il serait partagé à 50 %.

En cas de décès, les héritiers reçoivent les biens propres du défunt. Le survivant ne récupère que ses biens propres, son apport dans les biens communs et 50 % de ceux dont l'appartenance n'a pu être prouvée.

La participation aux acquêts

Ce régime mixte est assez peu choisi en France et pourtant privilégié dans de nombreux pays nordiques. Il associe les avantages de la séparation de biens et ceux de la communauté.

Tout au long de l'union, ce contrat fonctionne comme celui de la séparation de biens : chacun dispose comme il l'entend de ses biens, acquis, reçus en donation ou en héritage avant ou pendant le mariage.

En cas de divorce ou de décès, il se transforme en régime communautaire. C'est-à-dire que chaque époux est en droit de réclamer la moitié de l'enrichissement de l'autre, lors du mariage. En revanche, les biens acquis ou apportés avant le mariage restent personnels.

La communauté universelle

Avant 1966, il était le régime qui s'appliquait automatiquement aux unions contractées en France. Aujourd'hui, sa signature nécessite un passage chez le notaire. Sa mansuétude peut déstabiliser les plus pragmatiques mais peut également ravir les plus romantiques...

Tous les biens des époux sont mis en commun. Qu'ils aient été acquis, reçus en donation ou en héritage, avant ou pendant le mariage. Cela signifie aussi que chacun des époux est solidaire des dettes contractées par l'autre.

En cas de divorce, les biens seront équitablement partagés : moitié-moitié.

En cas de décès et à condition d'avoir fait inscrire la clause « d'attribution intégrale de la communauté au survivant », le survivant aura droit de conserver tout le patrimoine du couple, sans verser de droits de succession.

Les différentes cérémonies

La cérémonie civile

Petit déroulé de la célébration

♥ Elle est très rapide et ne dure, en général, qu'une vingtaine de minutes.

♥ L'officier d'état civil (le maire de la commune mais de plus en plus souvent l'adjoint au maire, dans les grandes villes) fait un petit discours de bienvenue. Il décline ensuite l'identité des deux futurs époux avant de leur rappeler leurs devoirs mutuels. Il énumère ainsi les différents articles du code civil.

♥ Il leur demande si un contrat de mariage a été signé. Si oui, il se contente de préciser le type de contrat.

♥ Il invite alors les futurs mariés à se lever et procède à l'échange des consentements. Après avoir entendu bien distinctement le « oui » des deux amoureux, il prononce la fameuse phrase tant attendue : « Au nom de la Loi, je vous déclare mari et femme. »

♥ Si vous avez choisi de ne vous marier que civilement, vous échangerez vos alliances à ce moment-là.

♥ L'officier vous remettra le Livret de famille, que vous conserverez toute votre vie, et pourra conclure par un discours. On ne vous remettra pas d'acte de mariage à moins que vous n'en ayez fait la demande.

♥ Les mariés signent le registre des mariages. Les témoins, dont l'état civil sera aussi décliné, signent aussi le registre.

♥ On l'oublie souvent mais une collecte peut être organisée à la fin de la cérémonie. À moins que les époux aient précisé au préalable le nom de l'organisation auquel les fonds récoltés étaient destinés, ils serviront aux œuvres de la commune.

♥ Le détail qui peut faire sourire... La porte de la salle reste ouverte tout au long de la célébration. Cela permet ainsi à quiconque (de bien informé !) de faire opposition à cette union. Sachez aussi que n'importe qui peut assister à la cérémonie. Par définition, la mairie est un lieu public.

Les mariages religieux

Quelle que soit votre confession religieuse, vous avez décidé de vous marier pieusement et de placer votre union sous la protection divine.

Sachez avant toute chose, qu'en France, seul le mariage civil compte et qu'un passage par la case « Mairie » est donc obligatoire avant d'imaginer une autre forme de célébration.

Chaque cérémonie est différente et demande une préparation plus ou moins longue. Inventaire des différents rites de mariage.

Le mariage catholique

Quoi ?

C'est l'un des sept sacrements de l'Eglise catholique : celui de l'Alliance entre un homme et une femme. Il est régi par quatre fondements :

♥ la fidélité ;

♥ l'indissolubilité « ceux que Dieu a uni, nul ne peut les séparer » (Matthieu 19/ 3-9, Marc 10/2-12). C'est un engagement pris à deux et jusqu'à ce que la mort vous sépare ;

♥ la liberté de s'engager en toute sincérité, sans pression ;

♥ la fécondité. Un principe qui implique non seulement le don de la vie mais la responsabilité de faire baptiser ses enfants et de les élever dans la foi chrétienne.

Qui ?

♥ Au moins l'un des conjoints doit être catholique.

♥ Aucun des conjoints ne doit être lié par un mariage religieux antérieur valide. Les personnes divorcées ont le droit de se marier à l'église si leur première union n'avait été que civile.

♥ Les deux futurs époux doivent d'engager à respecter les quatre fondements du mariage chrétien.

Pour les mariages mixtes

Les catholiques ont le droit d'épouser des non catholiques à condition de faire auprès de l'évêché une demande de « dispense de disparité de culte ».

Les catholiques ont le droit d'épouser des chrétiens non catholiques à condition de faire une demande auprès de l'évêché d'une « dispense de religion mixte ».

Ces dispenses sont généralement accordées et la personne non baptisée ou d'une autre confession doit également s'engager à respecter les quatre principes du mariage catholique et la foi de sa moitié.

À savoir

Les personnes ne souhaitant pas ou ne répondant pas aux conditions pour recevoir le sacrement de mariage peuvent également demander une messe de bénédiction (sans l'Eucharistie). Elle sera plus courte mais vous aurez ainsi droit à une célébration religieuse dans une église.

Les témoins

Comme pour la cérémonie civile, vous devez choisir des témoins pour la cérémonie religieuse.

Ils ne sont pas forcément les mêmes qu'à la mairie. Vous avez en théorie le droit d'en choisir autant que vous le souhaitez mais sachez qu'il n'y a de la place que pour deux ou trois noms sur le registre !

Ils ne doivent pas obligatoirement être majeurs ni baptisés.

Quand ?

♥ Après le mariage civil.

♥ En France, il est possible de se marier à l'église tous les jours de la semaine. Même le dimanche ou les jours de grandes fêtes. En revanche, on ne peut pas se marier le samedi Saint.

♥ Autrefois, il était impossible de se marier au mois de mai (consacré à La Vierge Marie) ou pendant le Carême. Ce n'est plus le cas aujourd'hui.

Où ?

♥ À l'église. Il est quasiment impossible de se marier selon le rite catholique à l'extérieur d'une église.

♥ On choisit généralement la paroisse la plus proche de son lieu d'habitation ou de son lieu de naissance. Mais il est possible en contactant le prêtre ou le diacre de se marier dans une autre paroisse.

Comment ?

Après avoir rencontré le diacre ou le prêtre, vous organiserez avec lui le choix des chants et des lectures.

Avant le jour J, vous aurez au préalable suivi une préparation au mariage (voir encadré).

Déroulement de la messe de mariage

☒ **Arrivée dans l'église sur de la musique ou sur des chants** : généralement les participants sont déjà installés, le marié arrive au bras de sa maman. Enfin la mariée, conduite par son papa, traverse la nef pour rejoindre son fiancé devant l'autel.

☒ **Accueil par l'officiant** : quelques mots de bienvenue sont prononcés. Vous pouvez également choisir de personnaliser votre messe en demandant au prêtre de prononcer un petit texte écrit par vos soins.

☒ **Première lecture** : vous aurez choisi avec soin ce texte qui vous ressemble ou qui parle d'un sujet ou de valeurs qui vous tiennent à cœur. Il sera lu par un témoin, un parent ou par une personne à l'aise à l'oral.

☒ **Lecture du Psaume ou célébration par un chant** : repris par l'assemblée.

☒ **Lecture par le prêtre de l'Évangile**

☒ **L'échange des consentements** : c'est le point d'orgue de la cérémonie. Le prêtre reçoit devant Dieu la promesse d'amour éternel des deux époux. Ils s'acceptent devant l'assemblée en tant que mari et femme. Vous pouvez rédiger vous-mêmes vos textes, si vous le souhaitez.

☒ **La bénédiction et l'échange des alliances**

☒ **Le prêtre déclare** : « Désormais, vous êtes unis par Dieu par le sacrement du mariage. »

☒ **La prière des époux** : vous l'aurez rédigée avec l'aide ou non d'un prêtre pendant la préparation au mariage et vous pourrez la réciter ensemble (ce qui peut nuire parfois à la compréhension de votre magnifique prose...). Si l'inspiration ne vient pas, utilisez les mots de la liturgie ou empruntez ceux d'un de vos auteurs préférés.

☒ **Prière Universelle** : faites appel à vos témoins pour qu'ils lisent vos différentes intentions (pour les personnes malades, les disparues, celles qui recherchent l'amour, celles qui souffrent de la solitude...)

☒ **Collecte et présentation des dons** : demandez à vos enfants d'honneur de faire passer de petits paniers décorés ou fleuris.

☒ **Prière eucharistique**

☒ **Notre-Père** : chanté ou récité par l'Assemblée

☒ **Communion** : sur musique ou chant doux.

☒ **Bénédiction nuptiale par le prêtre**

☒ **Signature des registres avec les témoins**

☒ **Sortie de l'église** : traditionnellement, vous devriez sortir les premiers, suivis de vos parents (le père de la mariée avec la mère du marié, la mère de la mariée avec le père du marié), puis de vos convives.

Mais de plus en plus souvent, l'assemblée sort avant afin de mieux vous accueillir sur le parvis de l'église avec lancer de pétales de roses, de confettis, de papillons ou de colombes...

Rappel : il est désormais interdit de lancer du riz. Il est indigeste et les pigeons ont été nombreux à tomber malades. Préférez des graines spéciales pour oiseaux.

Combien ?

Il est à la discrétion de chacun de remettre une enveloppe au prêtre. Prévoyez davantage si vous avez fait appel à la chorale ou à l'organiste de la paroisse.

Il est toujours de bon ton de laisser à l'église quelques bouquets de fleurs ayant servi à la décoration.

Le mariage protestant

Quoi ?

Contrairement au mariage catholique, l'union protestante n'est pas un sacrement mais un « acte de responsabilité ». La cérémonie au temple est avant tout considérée comme une bénédiction. Une grande importance est consacrée au mariage civil : il répond à la dimension sociale d'une union protestante. Les textes tirés de la Bible sont les fils conducteurs de cette célébration.

Qui ?

Aucun acte de baptême ne vous sera demandé. Seul l'acte de mariage civil est réclamé.

Une personne protestante peut épouser une personne catholique ou orthodoxe. Des cérémonies œcuméniques sont très fréquentes. Et il est également permis d'épouser une personne de religion musulmane ou juive.

Les personnes divorcées peuvent également se marier religieusement au temple.

Quand ?

♥ On rencontre le pasteur trois mois avant la date de mariage (six mois dans les grandes villes où les demandes peuvent être plus nombreuses) afin de mettre en place la préparation religieuse (quatre entretiens).

♥ Il est possible de se marier n'importe quel jour, en accord avec le pasteur.

Où ?

Dans le temple ou l'église réformée de votre ville de résidence. Il est toujours possible d'en discuter avec le pasteur.

Exceptionnellement et avec son accord, vous pouvez également choisir de vous marier à l'extérieur.

Comment ?

La cérémonie est assez simple et courte (quarante-cinq minutes).

♥ L'accueil sur des chants religieux ou sur la musique de votre choix.

♥ La lecture de textes bibliques et la remise aux jeunes époux d'une bible.

♥ L'échange des promesses des deux époux est entendu par le pasteur et l'assemblée. Les anneaux, qui ne sont pas bénis, sont passés au doigt de chacun.

♥ Le couple est ensuite placé sous la bénédiction de Dieu.

♥ La sainte Cène peut être célébrée. Mais cela est de plus en plus rare.

♥ Les époux et leurs témoins signent le registre. Il leur arrive de le signer avant la cérémonie.

Combien ?

C'est un service offert par le temple. Mais il est conseillé de remettre une petite enveloppe et évidemment de prendre à votre charge la décoration des lieux et les services de l'organiste.

Le mariage orthodoxe

Quoi ?

Les orthodoxes considèrent le mariage comme un sacrement. La cérémonie se déroule de façon très solennelle, avec faste et joie.

Qui ?

Il faut être baptisé pour avoir droit au mariage orthodoxe. Par conséquent, un orthodoxe peut se marier avec un catholique ou un protestant, mais malheureusement pas avec un juif ou un musulman en l'absence de conversion. Pour se marier à l'église orthodoxe, le catholique comme le protestant devra demander une dispense de religion mixte ainsi qu'une dispense de forme canonique qui lui permet de prêter serment devant un prêtre orthodoxe.

L'église orthodoxe autorise les personnes divorcées à se marier religieusement.

Quand ?

Ils doivent contacter le pope suffisamment à l'avance car une préparation religieuse est nécessaire. Ils le rencontreront le nombre de fois qu'il le jugera utile (deux à trois fois en général). Lors du premier entretien, ils lui remettront leur acte de baptême et l'acte de mariage civil. Ce moment particulier permet au couple d'exprimer ses doutes, son engagement et de débattre de sa foi.

Où ?

Les futurs époux peuvent opter pour l'église de leur choix.

Comment ?

La célébration commence par l'office des fiançailles au fond de l'église, au cours de laquelle les époux échangent les alliances. Elle se poursuit avec le couronnement des jeunes mariés. Ils sont conduits près de l'autel et portent chacun un cierge allumé, relié l'un à l'autre par un ruban. Le pope tient la couronne au dessus de leur tête et les époux prononcent leur engagement. Après avoir bu la coupe de vin sacré, ils tournent trois fois autour du lutrin où sont disposés les évangiles

Combien ?

Traditionnellement, la famille du marié remet une somme qu'elle définit librement au pope pour son église.

Le mariage juif

Quoi ?

Le mariage juif est une célébration de l'union existant entre un mari et sa femme et elle rappelle non seulement les obligations qu'ils ont l'un envers l'autre mais aussi envers le peuple juif. Le mariage juif implique une réflexion sur les différents aspects physiques et moraux de la vie de couple : la construction matérielle, la spiritualité et la religion.

Qui ?

Le hatan (le marié) et la kala (la mariée) doivent tous les deux être juifs. Ils le prouveront en fournissant au Rabin le certificat de mariage religieux de leurs parents (la Ketuba). Il est impossible de se marier à la synagogue avec un non juif ou une non juive. La conversion est toujours envisageable mais elle demande beaucoup de temps et de motivation.

Quand ?

Tous les jours de la semaine sont possibles sauf le samedi (Shabbat), un jour de fête ou pendant la période de l'Omer.

Où ?

À la synagogue de votre choix après avoir rencontré le rabbin.

Comment ?

- La veille de la célébration, la future mariée prendra un bain rituel de purification (le Mikve). Elle fournira ce certificat au rabbin afin qu'il procède à la cérémonie.

- Avant la cérémonie se déroulait en deux parties : les fiançailles et le mariage. Aujourd'hui, elles sont rassemblées en une seule journée.

- Le jour J : la cérémonie se déroule sous la Houpa (un dais nuptial). Le fiancé passe l'alliance à sa future femme et enfile lui-même la sienne. Ils partagent un verre de vin.

- Le rabbin lit l'acte de mariage religieux (la fameuse Ketuba). Il sera signé par les deux témoins et par le marié.

- Le rabbin récitera ensuite les sept bénédictions. Les mariés partagent une seconde coupe de vin.

- Pour clore la cérémonie, le marié brise de son pied droit un verre (symbole de la destruction du temple de Jérusalem et de la précarité du bonheur terrestre).

Combien ?

Il revient au marié ou à sa famille de remettre une enveloppe au rabbin. La somme est laissée à discrétion.

À savoir

Les personnes non juives peuvent assister à la cérémonie religieuse. Les hommes devront porter la kippa.

Le mariage musulman

Quoi ?

Le mariage musulman n'est pas un acte religieux mais un acte civil. C'est un contrat par lequel deux personnes vont librement échanger leur consentement.

Qui ?

Les musulmans ne peuvent se marier avec les païens. Tout homme d'une autre confession souhaitant épouser une musulmane doit se convertir à l'islam. En revanche, un homme musulman peut se marier avec une non musulmane. Leurs enfants seront élevés selon cette religion. En cas de décès de l'époux ou de divorce, et si la mère a gardé sa confession initiale, la garde des enfants revient à une parente musulmane.

Quand ?

Un mois avant la célébration, le couple rencontre l'imam et lui remet le certificat de mariage civil. Il faut préciser qu'il n'existe pas d'obligation à ce que le mariage soit célébré par un imam. Il peut l'être par tout musulman.

Où ?

La cérémonie se déroule au domicile de la fiancée ou dans une mosquée. Traditionnellement, les hommes et les femmes sont séparés.

Comment ?

Il y a d'abord une phase de préparation au cours de laquelle les deux familles se rencontrent pour déterminer la dot dont doit s'acquitter le fiancé. Seule une partie sera versée à la future épouse, le reste l'étant à la dissolution du mariage. Un contrat de mariage est conclu entre le fiancé (ou son représentant) et le « wali » (le tuteur) de la fiancée qui aura préalablement recueilli son consentement. Les deux hommes procèdent alors à l'échange de consentement devant deux témoins de confession musulmane, connus pour leur bonnes mœurs.

La seconde phase est la célébration du mariage par l'imam au domicile de la fiancée ou à la mosquée, devant famille et amis. Il consacre l'union du couple en lisant des versants du Coran. Il procède à l'échange des alliances et demande aux deux futurs époux d'échanger leur consentement. Il est coutume de dire que la femme consent quand elle rit, chante ou pleure.

Les rites de la célébration varient d'un pays à un autre. En général, on retrouve ces cinq temps : l'échange des consentements, la pose du henné, les préparatifs de la fête, le jour et le lendemain des noces. La célébration dure de trois à sept jours.

Combien ?

Il est d'usage de donner une enveloppe à l'imam dont le montant reste à la discrétion des familles.

Le mariage bouddhiste

Quoi ?

Le bouddhisme qui se compose de plusieurs disciplines (Theravada, tibétaine, zen...) s'occupe rarement de la question du mariage et de sa célébration. Elle relève en grande partie des coutumes des différents pays bouddhistes. Cependant, certains préceptes se dégagent de cette religion. À commencer par le fait que le mariage n'est pas un contrat mais un engagement volontaire entre deux individus.

Qui ?

Cette religion n'oppose aucune objection à ce qu'un bouddhiste se marie avec un non bouddhiste.

Quand ?

Les traditions ancestrales veulent que la date du mariage soit calculée en fonction du calendrier traditionnel (thaï, lao, chinois...) pour que les mariés ainsi que leurs invités soient sous les meilleurs auspices pour célébrer l'événement.

Où ?

Le mariage peut être célébré dans une pagode mais il n'y a pas d'obligation.

Comment ?

Il n'y a pas de règle à proprement parler pour la cérémonie de mariage. Elles vont dépendre du pays d'origine et de ses coutumes. En général, les bouddhistes demandent au lama de prononcer une bénédiction de prospérité, de longue vie et de santé. Il peut aussi rappeler au couple l'attitude attendue d'un bouddhiste envers sa femme ou son époux.

Au Tibet, par exemple, le rituel débute par le choix de la date du mariage en fonction du calendrier lunaire. La cérémonie consiste en la récitation de prières afin de recevoir les bénédictions du bouddha. Un lama bénit le couple avec de l'eau safranée. Puis les mariés s'échangent de la nourriture ou de l'alcool pour se souhaiter amour, joie ou encore sagesse et connaissance. Le lama place autour de leur cou un cordon de bénédiction et leur remet une écharpe de soie en signe d'équilibre conjugal .

Combien ?

Il est d'usage de rétribuer le lama en nature ou en donation.

Carnet d'adresses

LES FORMALITÉS

DOSSIER DE MARIAGE

Ministère des Affaires étrangères

Service central de l'état civil
BP 1056
44035 Nantes Cedex

Ministère chargé des Dom Tom

27, rue Oudinot
75007 Paris

CONTRAT DE MARIAGE

Pour commander un Mémo

Chambre des notaires
60, boulevard de la Tour Maubourg
75007 Paris
Tél. : 01 44 90 30 00
www.notaires.fr

LES DIFFÉRENTS MARIAGES

MARIAGE CATHOLIQUE

Fédération nationale des centres de préparation au mariage

8 bis, rue Jean-Bart
75006 Paris
Tél. : 01 45 48 26 72

MARIAGE PROTESTANT

Service de la Pastorale Conjugale et Familiale

1b, quai St-Thomas
67081 Strasbourg Cedex
Tél. : 03 88 25 90 70

MARIAGE ORTHODOXE

Service orthodoxe de presse et d'information

14, rue Victor Hugo
92400 Courbevoie
Tél. : 01 43 33 52 48

MARIAGE JUIF

Service des mariages du Consistoire de Paris

17, rue St Georges
75009 Paris
Tél. : 01 40 82 26 26

MARIAGE MUSULMAN

Conseil Français du Culte Musulman (CFCM)

10, rue de Clichy
75009 Paris
Tél. : 01 45 58 05 73

MARIAGE BOUDDHISTE

Union bouddhiste de France (UBF)

Route de la Ceinture du Lac Daumesnil
75012 Paris
Tél. : 01 42 77 86 17
www.bouddhisme-france.org

Table des matières